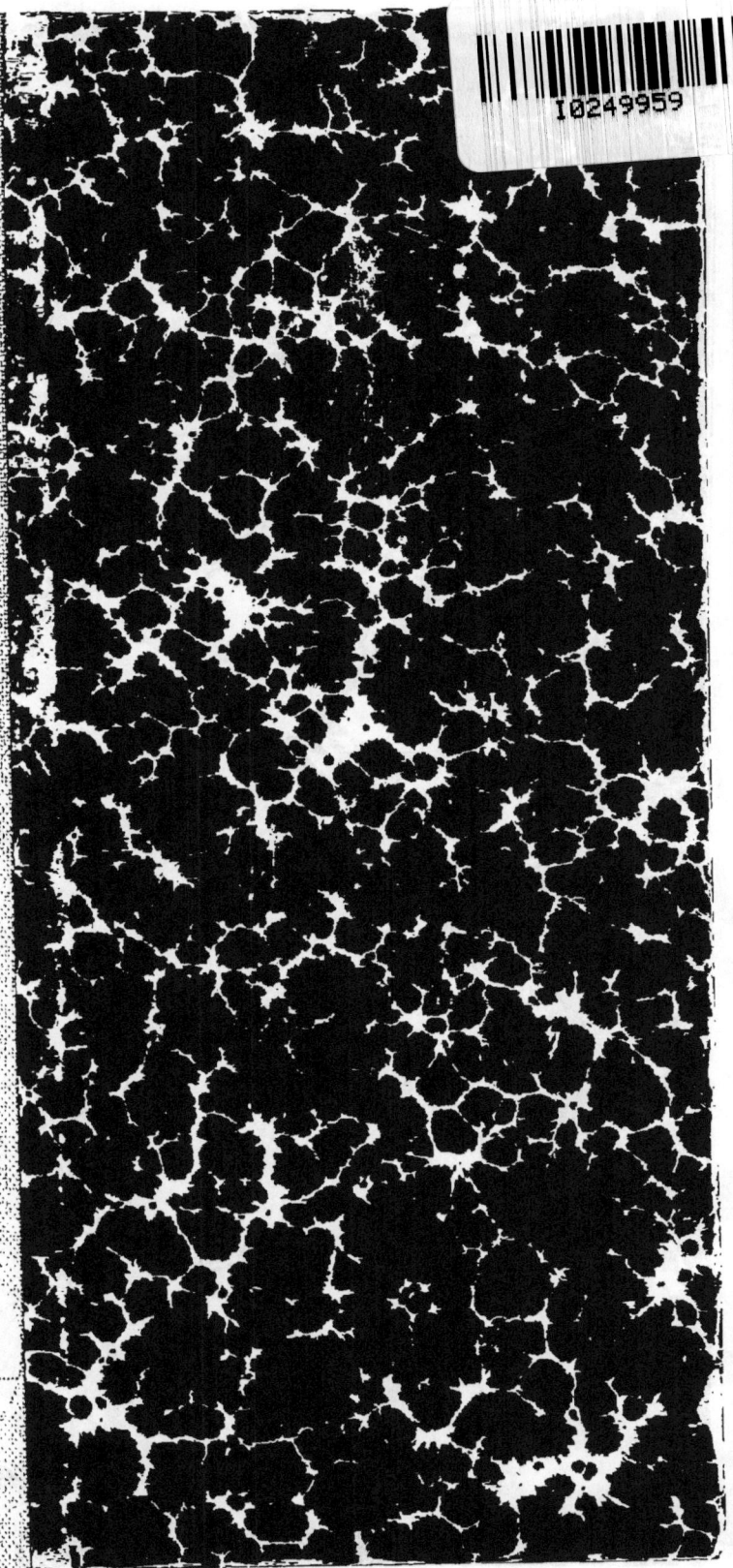

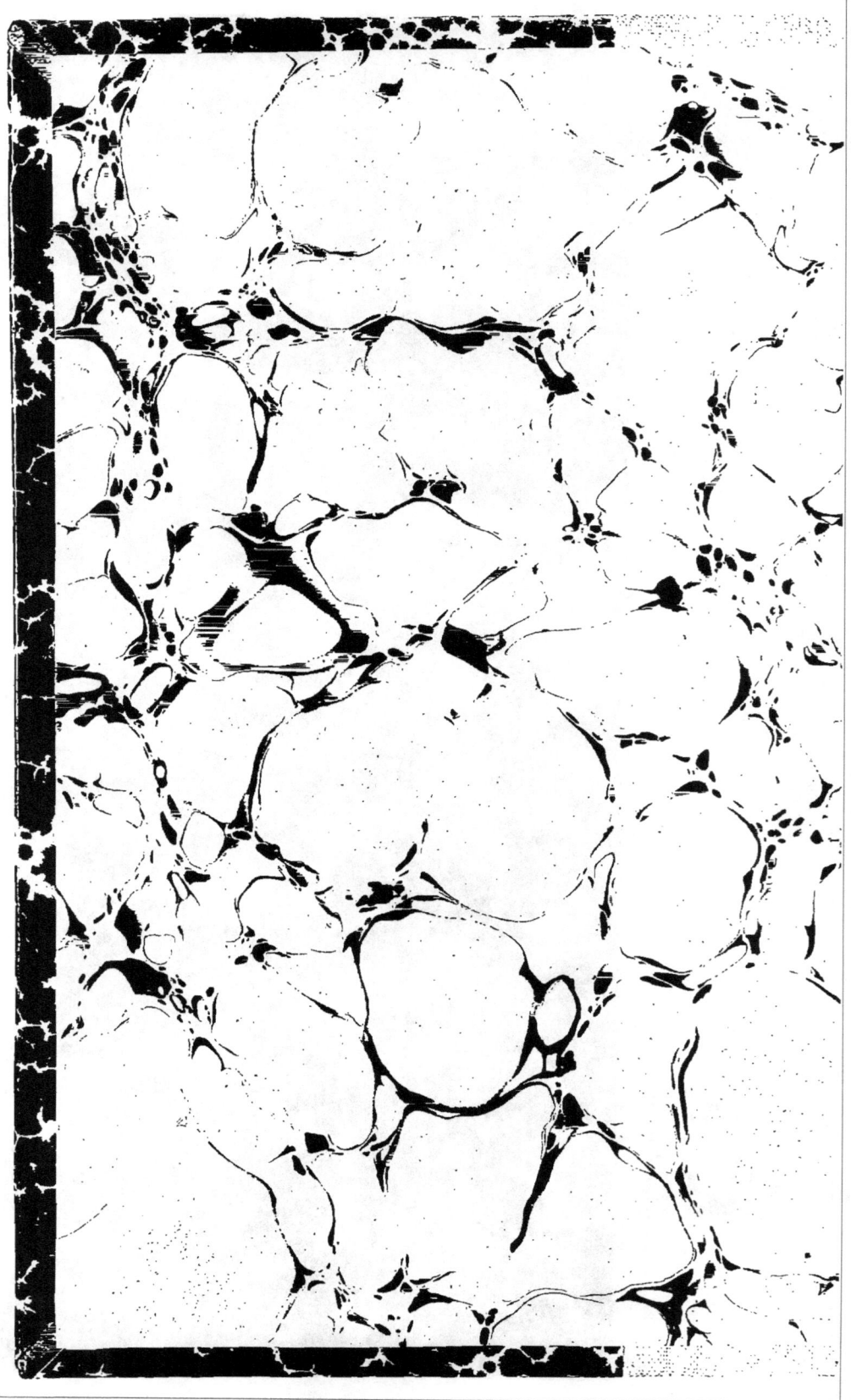

BOULANGER

NOTICES
SUR LA RÉVÉRENDE MÈRE
ANNE-IDE-MARIE
DE SOLAGES

SUPÉRIEURE

DU MONASTÈRE DE NOTRE-DAME

D'ALBI

Et les Religieuses décédées dans cette Communauté, depuis sa fondation, 27 décembre 1827, jusqu'en 1878.

A. M. D. G.

> La lumière du juste mourant est comme l'aurore, la justice marchera devant lui, et il sera environné de la gloire du Seigneur.
> (Isaïe, c. LVIII, v. 8.)

TOULOUSE
ÉDOUARD PRIVAT, IMPRIMEUR-LIBRAIRE
45, RUE DES TOURNEURS, 45

1879

NOTICE

SUR LA RÉVÉRENDE MÈRE

Anne-Ide-Marie DE SOLAGES

SUPÉRIEURE DU MONASTÈRE DE NOTRE-DAME D'ALBI

IMPRIMATUR

R. Dougados, *v. g.*

NOTICES

SUR LA RÉVÉRENDE MÈRE

ANNE-IDE-MARIE

DE SOLAGES

SUPÉRIEURE

DU MONASTÈRE DE NOTRE-DAME

D'ALBI

Et les Religieuses décédées dans cette Communauté, depuis sa fondation, 27 décembre 1827, jusqu'en 1878.

A. M. D. G.

> La lumière du juste mourant est comme l'aurore, la justice marchera devant lui, et il sera environné de la gloire du Seigneur.
> (ISAÏE, C. LVIII, v. 8.)

TOULOUSE

ÉDOUARD PRIVAT, IMPRIMEUR-LIBRAIRE

45, RUE DES TOURNEURS, 45

1879

A. M. D. G.

Il est dans nos saints usages d'écrire, pour les mieux conserver, les précieux souvenirs que nous ont laissés nos Mères et nos Sœurs défuntes, et de les transmettre aux divers Monastères de notre Ordre. Ainsi les survivantes, excitées par l'exemple de leurs bien-aimées devancières, marchent plus généreusement dans la voie parfaite que leur tracent nos saintes Règles, et s'efforcent d'imiter tant de glorieuses phalanges enrôlées sous la bannière de la Vierge des vierges !

C'est pour suivre ces saints usages et répondre au besoin de nos cœurs, que nous avons écrit ces courtes notices, et non pour les livrer à la publicité.

Mais des âmes dévouées à la gloire de Dieu, et que nous honorons, ont cru qu'en les publiant nous ferions du bien à quelques cœurs. C'est dans ce but que nous les livrons à l'impression, dans la simplicité que doit avoir une causerie entre les sœurs d'une même famille.

Que Celui qui rendit nos Mères et Sœurs chéries si saintes et si bonnes, ne permette pas que leurs exemples restent stériles ; mais que tous ceux qui les liront y apprennent à aimer davantage Jésus, notre divin Maître, et sa Mère Immaculée, et nous aurons atteint la fin que nous nous proposons.

Quoique plusieurs de nos bonnes Mères ou Sœurs aient été délivrées de leur exil d'ici-bas pour passer à une vie meilleure avant notre Révérende Mère de Solages, nous avons placé à la tête de ces notices celle de cette Mère tant aimée, qui occupa la première place dans nos cœurs et dont les vertus nous ont laissé d'impérissables souvenirs !

INTRODUCTION

FONDATION DU MONASTÈRE DE NOTRE-DAME D'ALBI [1]

Aucun fait, aucun incident remarquable n'a signalé la fondation de notre monastère d'Albi par la Révérende Mère Duterrail, supérieure de notre maison de Toulouse, et à laquelle l'Ordre de Notre-Dame doit tant de reconnaissance puisqu'elle en fut la restauratrice dans le Midi après la Révolution.

Nos Mères furent appelées par Mgr Charles Brault, archevêque d'Albi et pair de France, notre insigne bienfaiteur, et par M. Decaze, préfet du Tarn. La ville donna à la Révérende Mère Duterrail une maison communale, ancien bureau de

---

1. L'Ordre de Notre-Dame, fondé par la vénérable Jeanne de Lestonnac, marquise de Montferrand, a été approuvé par une bulle du pape Paul V, en 1607.

Des lettres patentes de Henri IV, datées du mois de mars 1609, établissent son existence légale en France.

La maison d'Albi a été approuvée par une ordonnance de Charles X, du 24 juin 1827, sur la demande de Mgr Charles Brault et du Conseil municipal.

bienfaisance, attenant autrefois au collége des Révérends Pères Jésuites. Elle assura encore une subvention annuelle de douze cents francs pour l'entretien des religieuses attachées à l'instruction gratuite des enfants pauvres. Notre Communauté a joui de cette rente jusqu'en 1850, époque de l'établissement, à Albi, des Sœurs de la Congrégation de Saint-Joseph. Elle fut alors réduite à huit cents francs qui nous furent retirés, en 1871, par le conseil municipal.

La Révérende Mère Duterrail vint visiter cette maison avec la Mère Martine de Rogéry, sa nièce. Elle laissa à Albi cette jeune Mère chargée de veiller aux réparations urgentes pour rendre la maison habitable. Mère Pauline Goulard vint peu de temps après pour être la compagne de la Mère de Rogéry. Elles reçurent toutes deux une hospitalité gracieuse à l'archevêché. Elles prenaient leurs repas avec messieurs les vicaires généraux et le secrétaire de Mgr Brault; celui-ci étant alors retenu à Paris par ses fonctions de pair de France.

Tandis que les réparations continuaient, Mère de Rogéry et Mère Goulard repartirent pour Toulouse.

Ce fut le 29 septembre 1827, fête du glorieux archange protecteur de l'Église, que la sainte colonie préposée à la fondation arriva à Albi. Elle était accompagnée par la Révérende Mère Duterrail, qui partit pour Rome trois jours après. La Révérende Mère de Rogéry, qui fut désignée pour supérieure la veille même du départ, en remplacement de Mère Pezet, choisie d'abord, avait pour compagnes les Mères Pauline et Rosalie Goulard, les Mères d'Isard et Baruteau. On leur avait adjoint deux novices de chœur : Olympe Rouanet et Françoise Loubière, Marie Bugarel, novice converse, deux postulantes de chœur et une sœur tourière.

Elles furent reçues honorablement par les autorités ecclésiastiques et civiles, et, le lendemain de leur arrivée, M. l'abbé Carayon, vicaire général, célébra la sainte Messe dans leur chapelle provisoire[1].

La maison cédée par la ville n'étant pas assez spacieuse, la Révérende Mère de Rogéry acheta successivement trois maisons contiguës que l'on fit communiquer avec la première, et qui furent disposées pour loger commodément et convenablement les religieuses, les classes gratuites, une classe payante, noyau du second pensionnat, et un pensionnat pour les enfants de condition plus élevée.

Nos Mères furent, dès leur arrivée, l'objet de la plus vive sympathie de la part de la population.

Les enfants accoururent en grand nombre dans leurs classes gratuites, et elles s'y distinguèrent par leur piété, leur bon esprit et leur émulation.

---

[1]. Notre monastère est la première maison religieuse fondée à Albi depuis la révolution.

Les parents donnaient de fréquents témoignages de leur reconnaissance aux institutrices de leurs filles. Le clergé se montra tout plein de dévouement, et plusieurs de ses membres voulurent bien remplir gratuitement, auprès des religieuses et des élèves, les fonctions d'aumônier. Ce ne fut qu'en 1829 que notre communauté eut un aumônier à titre.

En 1834, la Révérende Mère de Rogéry trouva à acheter un enclos et un vaste terrain contigu, dans une position très-agréable et à des conditions avantageuses. Elle en fit l'acquisition.

C'est sur cet emplacement qu'elle fit élever notre chapelle et le premier corps de logis de nos bâtiments actuels. Afin de mieux surveiller les constructions, elle loua une vaste maison voisine du terrain acquis par elle, et la Communauté et les élèves y furent installées le 27 août 1835. Trois ans après, elles purent habiter les nouveaux bâtiments (30 novembre 1838). La Révérende Mère de Rogéry avait compté sur la grande fortune de la Mère de Solages[1] pour fournir aux frais des constructions. Celle-ci sut réaliser, et bien au-delà, les espérances qu'elle avait fait concevoir à ce sujet.

Ce fut le 17 avril 1840 qu'eut lieu l'élection de la Mère de Solages, et cette élection fut le commencement d'une ère de prospérité pour notre Monastère. Au témoignage de tout ce que le clergé

---

1. Voir sa notice ci-après.

avait de plus distingué, de Mgr de Gualy lui-même, de son successeur, qui furent à même de la connaître, ce fut vraiment, pour notre maison, un des plus grands bienfaits de la Providence!

On peut voir, dans la notice de la Révérende Mère de Solages, que les Archevêques eux-mêmes entouraient des marques de leur profonde vénération et qu'ils honoraient de leur bienveillance, que chacun révérait comme sainte, et que toutes ses filles chérissaient comme la meilleure des mères, comment elle mérita, par ses bienfaits, d'être regardée comme la fondatrice du Monastère de Notre-Dame d'Albi. Nous dirons seulement ici qu'elle releva la maison, que le manque de sujets et le petit nombre d'élèves au pensionnat avaient réduite à un état qui faisait présager sa ruine prochaine. La Révérende Mère de Rogéry, pendant le temps de sa supériorité, du 29 septembre 1827 au 17 avril 1840, avait donné le voile à quinze postulantes et reçu les vœux de quinze novices.

La Révérende Mère de Solages, supérieure depuis le 17 avril 1840 jusqu'à sa mort (4 décembre 1863), a donné le voile à trente-neuf postulantes et reçu les vœux de vingt-neuf novices.

La maison qui, depuis les dix dernières années de la supériorité de notre bien-aimée Mère de Solages, n'a plus besoin d'avoir recours à aucun professeur étranger, avait été aidée, à diverses époques, par quelques-unes de nos Mères et Sœurs qui, venues de diverses communautés, ont bien voulu nous prêter leur charitable concours. Deux d'entre elles ont reçu au ciel la récompense de leur zèle et de leurs vertus : ce sont les Mères Hannuic et Lapeyre, la première de notre communauté de Carcassonne, et la seconde de celle de Saint-Flour. Que la Mère Régimbal, supérieure de cette maison, et notre chère Mère Séraphine Guttin, de notre communauté de Vienne, que l'Ordre a encore le bonheur de posséder, reçoivent ici l'expression de notre reconnaissance et de notre meilleur souvenir !

Au premier rang des faveurs dont il a plu à Dieu de combler notre Monastère, nous nous plaisons à signaler la haute protection et la bienveillance toute paternelle dont nous ont toujours honorées NN. SS. les Archevêques d'Albi, et le zèle et la sollicitude des vicaires généraux, nos supérieurs, délégués par eux. Nous devons dire, en terminant cette courte histoire de notre maison, que la Révérende Mère de Solages qui, durant sa vie, nous combla de tant de bienfaits, nous a donné, depuis qu'elle a été recevoir la récompense de ses vertus, des marques de sa céleste protection. Le nombre des religieuses de notre maison s'est accru considérablement et celui des élèves s'est de beaucoup augmenté dans nos divers pensionnats : nous en bénissons l'Auteur de tout bien, et, après Lui, la sainte et bien-aimée Mère qui veille encore sur nous du haut des cieux !

NOTICE

SUR LA RÉVÉRENDE MÈRE

Anne-Ide-Marie DE SOLAGES

SUPÉRIEURE DU MONASTÈRE DE NOTRE-DAME D'ALBI

A. M. D. G.

LA SAINTE VOLONTÉ DE DIEU!

> Elle a choisi d'être ignorée dans la maison du Seigneur, plutôt que de briller sous les pavillons du monde.
> (Ps. 83.)

Notre Révérende Mère Anne-Ide-Marie de Solages, Supérieure de notre communauté de Notre-Dame d'Albi, naquit au château de la Verrerie, à Carmaux (Tarn), le 16 mai 1806. Elle était fille de M. le comte Gabriel-Hippolyte de Solages et de Mme Blanche-Louise-Antoinette de Berthier. Nous n'essayerons pas de vanter l'ancienneté de sa famille, ses alliances, sa noblesse, sa grande fortune qui la met à même de répandre ses bienfaits sur des contrées entières; nous imiterions trop peu celle qui méprisa tous ces avantages pour se donner à Dieu dans la religion. Nous dirons seulement que cette illustre famille a toujours eu, et conserve encore, cette foi robuste des anciens temps, cette fidélité à son Dieu et à son roi, et toutes ces vénérables traditions d'honneur et de courtoisie qui, tendant à s'effacer de plus en plus de nos jours, sont, néanmoins, restées intactes dans cette noble maison.

Notre Mère de Solages fut élevée par sa vénérable mère, femme d'une éminente piété, qui pouvait, sous tous les rapports, servir de modèle à toutes les personnes de son sexe, et pour laquelle elle eut toujours une espèce de culte. « Je ne m'imaginais pas, disait-elle, que ma mère fût capable d'une imperfection ! » Mme la comtesse de Solages donna, à ses filles, comme à ses autres enfants, une éducation forte et vraiment chrétienne, sans faiblesses, sans gâteries, et sans les mille recherches de cette délicatesse amollissante, malheureusement si commune de nos jours. Elle les accoutuma de bonne heure aux pratiques et aux petites mortifications que la religion prescrit ou approuve : ainsi, pendant le Carême et l'Avent, leur déjeuner ne consistait qu'en un morceau de pain.

La petite Anna, nous le savons, répondit parfaitement aux soins de cette excellente mère, attentive à veiller sur toutes les inclinations de ses enfants et à les reprendre de leurs défauts. Elle était si docile et si sage, qu'elle se souvenait de n'avoir été punie qu'une fois, et, cette punition qui consistait à demeurer quelques instants debout derrière une porte vitrée, lui avait paru si terrible qu'elle avait versé un torrent de larmes.

Lorsque ses enfants commencèrent à grandir, Mme la comtesse de Solages s'adjoignit des professeurs, et l'instruction qu'ils en reçurent sous sa surveillance intelligente, fut aussi complète et aussi variée que leur éducation fut parfaite.

Notre bonne Mère de Solages, douée d'une intelligence remarquable, acquit alors des connaissances très-étendues sur la littérature et toutes les autres sciences enseignées à cette époque aux personnes de son rang. Elle excellait aussi dans toutes sortes d'ouvrages, et avait un rare talent pour la musique et le dessin.

Nous manquons de détails sur l'enfance de notre bien-aimée Mère et même, sur les vingt-sept années qui s'écoulèrent avant son entrée en religion. Sa modestie a toujours refusé de nous faire des révélations, précieuses sans doute, et qui nous eussent fourni mille traits édifiants : nous n'aurons donc que très-peu de choses à dire sur cette époque de la vie de celle, qu'avec tant de raison, nous nous plaisons à nommer, en famille, notre *Sainte Mère*, et qui fut toute sa vie un modèle des plus belles vertus. Dans les bornes que prescrit une simple notice, bien tardivement écrite, malgré nos désirs, nous rappellerons quelques-uns de nos souvenirs... Puissions-nous ainsi honorer la mémoire de celle qui nous combla de ses bienfaits ! Elle vivra toujours dans nos cœurs qui l'aimèrent du plus tendre amour et la révérèrent autant qu'ils surent la chérir !

Quelques rares aveux, échappés à la profonde humilité de la Mère de Solages, nous apprennent qu'elle vécut toujours dans la plus parfaite innocence. « Les petites filles de six ans, disait-elle un jour, à une maîtresse à qui elle recommandait de veiller soigneusement à la garde de l'innocence des jeunes enfants, les enfants de six ans en savent plus que je n'en savais à quarante. »

Un prêtre vénérable, qui, avant qu'elle entrât dans notre monastère, avait entendu la confession générale de toute sa vie, lui dit en la quittant : « Je vous laisse comme une enfant de quatre ans. »

... Un de ses oncles, saint vieillard, qui disait un jour, à ses neveux, ses prévisions sur leur avenir, dit, en s'adressant à notre Mère de Solages, toute jeune alors : « Pour Anna, elle est appelée à une vie d'épreuves. » Et il voulait dire : une vie d'abnégation, de dévouement et de sacrifices. Nous savons que ces paroles se sont vérifiées, et que nul, plus que notre Mère bien-aimée, ne pratiqua plus héroïquement ces grandes et difficiles vertus ! Un autre membre de sa famille assurait encore « qu'elle avait toujours mené, auprès des siens, cette vie simple et modeste qu'elle continua dans le cloître, et, qu'en imitant parfaitement les exemples de Marie, notre auguste Mère, elle s'était appliquée constamment à ne rien laisser deviner de ses grands sentiments de piété et des actes nombreux de ses belles et douces vertus. »

Nous savons aussi que c'est vers l'âge de dix-huit ans qu'elle fit le vœu perpétuel de virginité.

Des personnes, qui eurent le bonheur de voir

notre bonne Mère pendant qu'elle était dans le monde, nous ont dit qu'elle s'y distingua par une rare modestie qu'elle a toujours conservée. Elle fuyait les regards et ne voulait ni voir ni être vue. Nous savons encore que ses jours se passaient en bonnes œuvres, qu'elle chérissait la vie cachée, et que la plus grande partie de la somme qu'on lui donnait pour sa toilette et ses menus plaisirs, était employée à secourir les pauvres qu'elle aima, toute sa vie, comme les aima notre divin Maître !

On nous a rapporté qu'un jour, un mendiant ayant été mordu par un chien de garde du château, elle courut à lui pour panser elle-même sa blessure et l'entoura de son mouchoir de fine batiste.

L'opinion que l'on avait de sa vertu était telle que chacun se sentait pénétré, en sa présence, du plus grand respect, et qu'on n'en parlait jamais que comme d'une sainte.

Notre bonne Mère eut toujours, dans le monde, la plus grande exactitude et la fidélité la plus scrupuleuse à remplir ses exercices spirituels. En voyage, soit en bateau, soit en voiture, elle ne changeait rien à ses pratiques de piété ; ses méditations, ses lectures, n'étaient ni laissées ni abrégées. Quand elle avait été dans l'impossibilité d'accomplir, en route, quelqu'une de ses pratiques ordinaires, elle s'empressait, en arrivant à l'hôtel ou ailleurs, de se retirer dans un appartement reculé, et là, aussi recueillie que dans le plus saint oratoire, elle achevait de payer à son Dieu le tribut qu'elle s'était elle-même imposé par amour pour Lui.

Nous avons su, et la brillante position sociale et les qualités personnelles de notre Mère de Solages le rendent facile à croire, qu'elle avait renoncé, pour se donner tout entière à Dieu, à d'illustres alliances. Quel prix pouvait attacher son noble cœur à toutes les pompes du monde !... Elle ne les estima qu'à cause du mépris qu'elle pouvait en faire et parce qu'elles lui fournissaient le moyen d'offrir au Seigneur, qu'elle avait choisi pour son partage, un plus héroïque sacrifice !

ENTRÉE EN RELIGION DE LA RÉVÉRENDE MÈRE DE SOLAGES

Ce fut le 3 novembre 1832 que notre Mère de Solages entra dans notre monastère d'Albi. Mme la vicomtesse de Freissinet, sa sœur, croyait la conduire dans notre maison, seulement pour y faire une retraite ; mais quand, après quelques jours, elle revint l'y chercher, notre vénérée Mère lui dit qu'elle était entrée au couvent pour n'en plus sortir ; et Mme de Freissinet fut chargée d'annoncer, à sa famille, cette nouvelle qui devait profondément l'attrister comme elle l'attristait elle-même. Mais la foi et la vertu de ses proches triomphèrent, et Mme de Solages, et tous ceux qui chérissaient notre bonne Mère, firent généreusement à Dieu, à son exemple, le sacrifice d'une de leurs plus chères affections.

En quittant sa sœur, Mme de Freissinet avait demandé à la Révérende Mère de Rogéry, alors supérieure de notre communauté, de n'user à son égard d'aucun adoucissement dans la pratique de la règle, pensant que, bientôt dégoûtée d'un genre de vie si peu conforme aux habitudes qu'elle avait contractées dans sa noble et opulente famille, elle demanderait à y rentrer.

Sans y songer, Mme de Freissinet exprimait les plus chers désirs de sa sœur qui, dès les premiers instants de son postulat, s'appliqua à mener la vie la plus *commune, mais de la manière la moins commune,* comme elle le recommandait plus tard si souvent à ses filles.

Dès ce jour, elle pratiqua la règle entière dans ses plus petites observances et avec tant de perfection que nous reconnûmes la vérité des paroles que nous dit, quelques jours après son arrivée dans notre maison, le saint prêtre qui la dirigeait depuis plusieurs années : « Je vous ai envoyé une sainte, vous n'aurez qu'à marcher sur ses traces ! »

On ne la vit jamais en défaut sous aucun rapport : son obéissance était telle que la Mère Supérieure disait : « Je dois bien veiller sur mes paroles quand je lui fais un commandement, car elle obéit toujours aveuglément et à la lettre. »

Les choses les plus basses étaient celles qu'elle semblait faire avec le plus de joie. Elle choisissait ce qu'il y avait de plus rebutant pour la nature, et, lorsque ses sœurs cherchaient à lui épargner quelque chose de pénible ou de fatigant, elle leur disait avec un doux sourire : « Laissez-moi faire, vous me gâtez, mes sœurs. »

« Pourquoi suis-je venue ici? écrivait-elle. C'est afin de garder tout mon cœur pour Jésus, mon bien-aimé, et de faire de son cœur tout plein d'amour pour moi, mon unique trésor ! C'est pour lui que j'ai tout quitté, c'est lui seul que j'ai désiré, lui seul que j'ai aimé et que je veux aimer éternellement comme père, comme frère, et comme époux. Pourquoi épargnerais-je ma nature? Ne vaut-il pas mieux beaucoup souffrir et bien souffrir en union au divin Crucifié? O sainte union à Jésus, vous êtes le trésor caché pour lequel je vends de grand cœur tout le reste ! »

Pleine de défiance d'elle-même, elle craignait toujours de ne pas faire assez bien et s'informait constamment, auprès d'une novice plus ancienne qu'elle, de la manière d'accomplir les plus petites règles, et de l'esprit dans lequel il fallait les observer.

Dès son arrivée, elle montra aussi le plus grand amour pour la pauvreté, et l'on voyait celle qui avait renoncé à la plus brillante fortune, recoudre les semelles de ses souliers ou poser, par dessus, de vieilles pièces d'étoffe afin d'en prolonger l'usage.

A l'époque de sa prise d'habit, qui eut lieu le 2 février 1833, elle était fort préoccupée de la crainte qu'on ne fît son habit d'une étoffe moins commune que celle qu'on employait pour ses sœurs; et elle demanda et obtint qu'on se servît, pour son trousseau, de linge semblable à celui des domestiques du château de Solages.

Lorsqu'elle fit profession (2 février 1835), la pièce d'étoffe dont on se servait pour faire les voiles étant finie, elle se réjouit de ce qu'on lui donnait un voile mis déjà par une de ses sœurs. « Que je suis contente, disait-elle aussi à cette époque, d'avoir une petite taille! On pourra arranger pour moi les vieux habits hors de service. »

Sa grande mortification la fit toujours se contenter de la nourriture, très-commune et même grossière, de la communauté bien pauvre dans ses commencements. Un trait, pris entre mille, prouvera à quel point elle était mortifiée. Un jour, c'était peu de temps après sa profession, elle laissa tomber, par mégarde, en servant au réfectoire, une portion de lentilles qu'elle portait à une de ses sœurs. Elle court aussitôt chercher son assiette, relève avec une cuillère, les lentilles mêlées aux débris de l'assiette cassée et salies par la poussière, et, s'asseyant à sa place, elle s'apprête à en faire son repas lorsque la Mère Supérieure, qui la surveillait attentivement, envoie une sœur chercher cette portion dont le plus pauvre mendiant n'aurait pas voulu se nourrir.

Notre Mère de Solages observa toujours parfaitement le silence. On ne l'y vit jamais manquer même dans les circonstances les plus imprévues : une nuit, des sœurs converses furent réveillées par un bruit dont elles ne pouvaient s'expliquer la cause ; dans leur frayeur, elles réveillèrent aussi le reste de la communauté. Chaque religieuse accourant s'empressait de demander l'objet de cette alerte ; notre Mère de Solages sortit elle aussi de sa cellule, écouta un instant ce qui se disait, et y rentra sans avoir proféré un seul mot.

Pendant les récréations, elle parlait aussi très-peu, et semblait prendre à tâche de se faire oublier; mais toutes nos Mères et Sœurs étaient néanmoins captivées par les charmes de cette vertu qui s'efforçait de se tenir cachée; et, lorsqu'on la voyait chaque jour s'approcher de la Table sainte, ce qu'elle fit dès son entrée dans notre maison, on ne s'en étonnait pas, et on se disait que le Dieu des vertus devait se complaire dans ce cœur généreux qui avait tout sacrifié pour en faire son unique partage, et qui marchait si fidèlement sur les traces de Celui qui s'est fait humble et pauvre pour notre amour !

SUPÉRIORITÉ DE LA RÉVÉRENDE MÈRE DE SOLAGES

Notre Mère de Solages avait été employée aux classes gratuites dès son entrée dans la maison. Sa charité et son humilité lui firent trouver un véritable bonheur à prodiguer ses soins aux plus pauvres de nos enfants. « Ce fut, disait-elle plus tard, mon temps le plus heureux! » Elle fut ensuite chargée de donner diverses leçons au pensionnat, et en fut nommée première maîtresse en 1836. Il est inutile de dire qu'elle remplit ces divers emplois avec la perfection qu'elle mettait en toutes choses. Elle était encore à la tête du pensionnat lorsque, le 17 avril 1840, elle fut élue supérieure de notre communauté.

Il ne fallut rien moins que les ordres formels de l'autorité ecclésiastique pour la forcer à accepter cette charge, bien pesante, il est vrai, mais dont le profond sentiment de ce qu'elle appelait son incapacité augmentait encore le poids à ses yeux. « Ma Révérende Mère, écrivait-elle à la Supérieure d'une de nos communautés, c'est donc sur le Calvaire que nous devons nous rencontrer, puisque nous sommes l'une et l'autre attachées à la croix de la supériorité; mais il est un autre asile encore où j'aime à me réfugier : le sacré cœur de Jésus! C'est dans cette retraite sacrée, sous les auspices du cœur immaculé de Marie, que nous trouverons le repos et la force nécessaires pour supporter les difficultés et les peines de notre charge! Combien de fois ne m'y suis-je pas précipitée lorsque, sentant ma faiblesse, j'avais besoin d'une main puissante pour me secourir, et, grâce à Dieu, ce n'a pas été en vain! »

Dieu seul sait tout ce que l'acceptation de cette

charge coûta à sa profonde humilité ; mais le ciel avait parlé par l'organe de ses supérieurs, et elle prit généreusement la croix qu'elle devait porter jusqu'à sa mort, c'est-à-dire pendant vingt-trois ans.

Les vertus, dont elle avait donné de si constants exemples, allaient briller sur un théâtre plus vaste.

Le jour de son élection, elle dit à une de ses filles : « Ah ! je sens que Dieu vient de me donner pour vous toutes un cœur de mère !... » Dès lors, pour se faire toute à toutes, elle surmonta son extrême timidité qui n'ôtait rien cependant à la noblesse de son maintien et à cette grandeur native empreinte dans tous ses mouvements et dans toute sa personne. Elle devint beaucoup plus expansive, et celle qui, naguère encore, restait dans un silence presque complet, même en récréation, par suite de sa grande humilité, se plut, par charité à causer agréablement avec ses filles.

Parfaite dans l'observance des règles, dès son entrée en religion, on avait pu dire d'elle en tout temps : « *Regardez et agissez d'après le modèle qui vous est montré.* » Elle avait su obéir en toutes choses, elle ne fut pas moins habile à commander. Attentive à tout, rien n'échappait à sa vigilance, et son âme, éclairée par les pures lumières de la foi, voyait dans les autres comme en elle-même, les plus petits défauts pour les corriger; et, dans les premiers jours de son gouvernement, on ne remarqua en elle, dit une Mère ancienne, que l'excès dans lequel était tombé momentanément le grand Saint Bernard, en voulant que ses religieux fussent aussi parfaits que lui-même.

Sa direction fut, en tout temps, douce et ferme. Elle parlait peu, mais ses paroles avaient une énergie pénétrante qui allait jusqu'à la division de l'âme. Elle ne passait rien à ses filles; mais, lorsque la correction, saintement sévère, avait produit son effet, elle adoucissait la peine qu'on en avait ressentie par quelques mots remplis de bienveillance et un sourire où se peignait sa tendresse maternelle. D'ailleurs, elle possédait si pleinement le cœur de ses filles; sa sainteté leur inspirait un si grand respect, que la plus grande peine qu'elles éprouvaient, quand elles étaient reprises par elle, c'était celle de lui en avoir causé!... On savait d'ailleurs que, dans cette âme si droite et si sainte, il n'existait aucune partialité, et que son profond esprit de foi lui faisait suivre, dans les avis qu'elle donnait et dans les reproches qu'elle était obligée d'adresser quelquefois, les seules inspirations de Dieu et de sa conscience. Rien d'humain ne l'influençait: Dieu, et Dieu seul, était le Maître qui dictait ses paroles, comme il était celui qui dirigeait ses actions!...

Pénétrée de l'esprit religieux, méditant constamment ses années éternelles, elle ne comprenait pas qu'une religieuse pût avoir d'autres pensées, d'autres préoccupations, que la fin qu'elle s'était proposée en se consacrant à Dieu. « Si nous ne perdions jamais de vue, disait-elle, l'unique prétention que nous avons eue, et qui doit nous être présente jusqu'à notre dernier soupir, c'est-à-dire que nous ne sommes venues dans le cloître que pour mourir à nous-mêmes, afin de nous rendre conformes à Jésus-Christ, nous travaillerions constamment et généreusement à la perfection à laquelle nous sommes obligées.

« N'oublions pas que nous sommes consacrées à Dieu en qualité de victimes, et que, d'après nos engagements, notre vie doit être toute de sacrifice! C'est une obligation pour nous de nous immoler à tout instant. Plus nous crucifierons notre nature, plus nous aurons de générosité; plus aussi nous serons heureuses, et plus nous aurons part aux douceurs célestes et à cette paix promise aux âmes de bonne volonté.

« Nous sommes les épouses d'un Dieu crucifié, et nous ne serons dignes de lui que lorsque, comme lui, nous nous laisserons clouer sur la croix. Sachons donc souffrir pour lui témoigner notre amour et notre fidélité. Si nous n'avons pas assez de générosité pour rechercher les peines, les souffrances et les mépris, du moins acceptons et supportons avec résignation, et en silence, tout ce que la divine Providence nous envoie de pénible. Mettons la main à l'œuvre, tandis que nous le pouvons, avec la grâce qui nous est offerte; n'attendons pas l'heure de la mort pour reconnaître le profit des peines de cette vie mortelle : nous nous exposerions à ne recueillir à ce moment suprême que des regrets inutiles, car le temps de réparer nos fautes nous sera peut-être alors refusé.

« L'état sublime que nous avons embrassé doit être un exercice continuel d'humilité, de soumission, de sacrifice, d'immolation entière. Ce n'est qu'en n'épargnant rien de la victime qu'on peut avoir le cœur pleinement satisfait. Un époux généreux comme le nôtre ne veut que des épouses généreuses. Avant de nous choisir pour nous élever à la dignité dont il a daigné nous honorer, il ne nous a pas caché que nous devions être des âmes crucifiées, des habitantes du Calvaire, des victimes de son amour! Ce n'est qu'à ce prix qu'il nous a promis les faveurs célestes, les douceurs ineffables que les cœurs généreux et constants trouvent, avec tant d'abondance, parmi les croix et les épines!... Alors nous l'avons compris et nous n'avons pas hésité à nous dévouer à Lui sans réserve. Ne l'oublions jamais, et le joug dont nous avons voulu nous charger sera toujours aimable et doux pour notre cœur!

« Ecoutons toujours la voix de la grâce qui nous dit : abnégation de vous-même, renoncement à la volonté propre, amour du mépris, mort à tout ce qui est de vous-même pour ne vivre qu'en Dieu! »

Profondément humble elle-même, notre Mère de Solages était sans pitié pour l'orgueil et l'amour-propre qu'elle poursuivait avec une admirable tactique dans leurs derniers retranchements; et, si elle était quelquefois sévère, c'était lorsqu'on avait manqué d'humilité. « Comment voulez-vous, disait-elle, que je ne m'élève point contre l'orgueil ? Notre divin Maître, qui était si doux, n'appelait-il pas les orgueilleux Pharisiens sépulcres blanchis, hypocrites, race de vipères !... Je ne sais pas, disait-elle un jour, pourquoi vous trouvez l'humilité difficile : pour moi, j'en trouve la pratique extrêmement aisée ; il suffit, pour être humble, de jeter un coup d'œil sur soi-même. Faites-vous bien humbles, bien petites, répétait-elle souvent. Pourrait-on reconnaître une religieuse dans une personne infatuée de son propre mérite ? Je ne puis comprendre, disait-elle encore, qu'on puisse se laisser aller à l'orgueil quand on réfléchit aux incroyables abaissements de notre divin Maître. Je ne puis dire la peine que j'éprouve quand je vois des âmes, qui devraient marcher sur les traces du divin Modèle, s'en écarter par leur amour-propre et leur orgueil ! »

Elle évitait, avec le plus grand soin, ce qui aurait pu favoriser l'amour-propre : ainsi, lorsque quelqu'une de nous lui montrait, soit un ouvrage manuel, soit un travail d'intelligence, et qu'on la priait de dire son appréciation, la chose eût-elle été parfaite, la réponse la plus flatteuse qu'on en recevait d'ordinaire était celle-ci : « C'est assez bien, ou cela peut aller. » Elle voulait que ses filles évitassent tout ce qui, dans leurs manières, leur langage, leur style même, aurait pu montrer quelque prétention. Une de ses religieuses, retenue dans son lit, lui fit dire qu'*elle passait à l'état de vapeur*. « *Dites-lui*, répondit notre bonne Mère, *que je désire qu'elle passe à l'état de simplicité !* » Si, dans la conversation, on parlait de soi d'une manière flatteuse, ou si l'on rapportait un compliment que l'on avait reçu, notre bien-aimée Mère avait tout de suite un correctif qui rétablissait l'équilibre et remettait à sa place la pauvre nature qui s'exaltait maladroitement. « Pendant que j'étais malade à l'infirmerie, dit une de ses filles, une bonne Mère, ayant demandé de venir faire auprès de moi son action de grâces, afin de me faire participer, en quelque sorte, à la présence réelle de Notre-Seigneur, notre vénérée Mère lui répondit avec un spirituel sourire : « Croyez-vous donc « être un ostensoir ?... — « Et comme je lui demandais, ajoute la même Sœur, de me montrer, de la croisée de l'infirmerie, aux élèves que je n'avais pas vues depuis longtemps, et qui m'en avaient fait exprimer le désir par la Sœur infirmière : « Ah ! me répondit-elle, avec finesse, vous « voulez faire comme un roi qui se montre à ses « sujets ! »

Mais combien elle pratiquait parfaitement elle-même ce qu'elle exigeait des autres ! Quelle humilité profonde dans ses sentiments, ses paroles, ses actions !... Sa naissance, son éducation distinguée, ses connaissances variées, sa fortune, n'avaient aucun prix à ses yeux, et elle se croyait dépourvue de toute vertu : « Je ne suis bonne, disait-elle, qu'à gâter les affaires du bon Dieu. — Je suis née pour obéir et non pour commander. — Notre cuisinière gouvernerait mieux que moi. — On a toujours forcé mes facultés : après ma première année de profession, on m'a fait première maîtresse ; et mon juvénat était à peine terminé, qu'on m'a nommée supérieure ! » Et son air, et le ton de sa voix semblaient dire : Que vouliez-vous alors que je fisse de bon ? Que de fois elle a redit : « J'ai tout juste assez de jugement pour voir que je n'en ai pas. »

« Je suis arrivée jusqu'à ce jour, disait-elle dans une autre circonstance, sans avoir pu comprendre comment le Seigneur a permis que celle qui n'aspirait qu'à vivre et mourir dans l'oubli des créatures, n'ayant d'autre ambition que d'occuper parmi vous la dernière place, dont elle se reconnaissait même indigne, a été cependant mise à votre tête. Est-ce dans des vues de miséricorde ou de colère sur moi ? C'est ce qu'il ne m'appartient pas de scruter ; je n'ai eu qu'à me soumettre en courbant la tête sous le poids qui m'était imposé. »

Elle écrivait à un religieux de la Compagnie de Jésus : « Veuillez bien écouter, d'une oreille favorable, la supplique d'une pauvre religieuse de Notre-Dame qui, jeune et sans expérience, vient d'être placée à la tête de la communauté d'Albi. Lorsque je me suis vue chargée de ce pesant fardeau, j'ai tourné les yeux vers la Compagnie de

Jésus, pour laquelle j'ai, depuis longtemps, une vénération profonde, sachant bien que ce serait parmi des religieux, dont les règles sont si conformes aux nôtres, que nous trouverions tous les secours nécessaires pour nous aider à l'œuvre de notre perfection. Mon ambition serait donc d'avoir un de ces bons Pères pour nous donner la retraite annuelle.

« Les Révérends Pères jésuites sont désirés et demandés de tout côté, mais il me semble que les filles de Notre-Dame ont un droit particulier à leur zèle... Pour juger des besoins spirituels de celles que je conduis, il vous suffit de savoir quelle est la supérieure qui les gouverne. »

Elle disait ailleurs : « Tout en me reconnaissant indigne de vivre dans le souvenir de personne, je m'estimerais trop heureuse si vous vouliez bien m'accorder un souvenir fréquent dans vos prières. Vous ne me le refuseriez pas si vous me connaissiez, du moins à cause de la petite communauté confiée à de telles mains.

« Mon cœur est rempli de toutes les misères et couvert de toutes les plaies; plus que tout autre, il a besoin de l'asile que lui offre le cœur de Jésus, des remèdes qu'il lui présente! O mon Jésus, que la plaie de votre cœur me fait faire un retour affligeant sur celles de mon cœur! De combien de plaies dangereuses n'est-il pas percé? Toutes les passions l'ont couvert de blessures, l'enflure de l'orgueil, la sensibilité de l'amour-propre, l'attachement aux choses de la terre : telles sont mes plaies. »

Semblable aux saints, qui s'étonnaient que Dieu voulût les souffrir en sa présence, à cause des misères qu'ils voyaient seuls dans leur âme, notre bien-aimée Mère était un objet d'horreur à ses propres yeux, tandis qu'elle embaumait tous ceux qui l'approchaient du suave parfum de ses héroïques vertus !

Elle ne parlait presque jamais de sa noble famille, et nous nous souvenons qu'elle nous dit, plusieurs fois, en parlant de la visite que quelques-uns des siens devaient lui faire : « Les charbonniers doivent venir. » — Or, ces charbonniers, c'étaient M. le marquis de Solages, son frère, et quelques autres de ses parents, possesseurs alors des mines de houille de Carmaux, dont les revenus sont immenses !... Elle voulait à peine qu'on la remerciât des mille bienfaits dont elle combla tant de pauvres et d'affligés. « C'est à Dieu qu'il faut rendre grâces et non pas à moi : n'est-il pas la source infinie de toute bonté ! » Elle était étonnée des égards qu'on avait pour elle, et des honneurs qu'on lui rendait : « Pourquoi tant d'égards pour moi ? » disait-elle un jour, à une de ses filles qui avait, pour elle, une petite attention. « Quand on me fait un compliment, disait-elle encore, je pense qu'on m'apprend ce que je dois être, au lieu de me dire ce que je suis. »

On dit que l'humilité est facile quand on est

honoré, mais qu'elle l'est bien moins lorsqu'on est en butte au mépris et à l'humiliation.

Notre bien-aimée Mère sut être également humble, et *dans l'honneur et dans l'abjection*, comme disent nos saintes règles. Il semble que cette âme si sainte, qui répandait ses bienfaits à pleines mains, n'aurait dû entendre que les accents de la reconnaissance et ne recevoir que des témoignages de vénération ; et Dieu permit néanmoins, plus d'une fois, que ses plus saintes intentions fussent mal interprétées, et que la voix de la calomnie osât s'élever contre elle et contre sa communauté. Ce qui était encore plus pénible pour son cœur, c'est que ceux qui lui procurèrent cette occasion de souffrance, joignaient souvent à la plus criante injustice, l'ingratitude la plus révoltante. Dans ces circonstances difficiles et pénibles à la nature, elle ne voulut point qu'on la défendit. « Laissez faire Dieu, disait-elle, il sait bien le degré de réputation qu'il nous faut pour accomplir son œuvre. Si nous n'avions que des amis et des admirateurs, peut-être ferions-nous l'œuvre de notre amour-propre ; mais quand nous avons des détracteurs et des ennemis, c'est alors que nous faisons l'œuvre de Dieu ! »

Elle reçut plusieurs fois des lettres injurieuses : quelques-unes étaient anonymes, d'autres portaient le nom de leur auteur, qu'elle ne fit jamais connaître. Elle se contenta de nous dire qu'elle voudrait être à même de prouver à ses ennemis, en leur rendant mille services, qu'elle leur pardonnait de grand cœur. « Plusieurs fois on lui fit, en ma présence, dit une ses filles, des remarques et des observations très-désagréables, et cela, plutôt par défaut d'éducation que par malice. Elle n'y répondit jamais que par un complet silence ou par quelques paroles pleines de douceur. Elle avait d'autant plus de mérite, en montrant cette modération, que son exquise délicatesse la rendait naturellement très-sensible à ces manquements d'égards et de bons procédés. » Elle avait coutume de dire qu'un malin coup de langue nous fait plus de bien que les plus flatteurs compliments. D'ailleurs, elle se croyait toujours bien plus digne de blâme que d'éloges, et ceux qui semblaient avoir pour elle le moins d'égards servaient à souhait son humilité, et étaient l'objet d'une bienveillance particulière. Que de traits nous prouvent le peu de cas qu'elle faisait d'elle-même! Une novice la trouva un jour écrivant de longues pages : « Voyez-vous, lui dit notre sainte Mère, en les lui montrant : c'est la liste de mes défauts. — Ah! ma bonne Mère, répondit naïvement celle-ci, elle n'est point approuvée par l'Église. » — Elle voulait dire, à sa manière, qu'on pouvait contester l'existence des défauts signalés dans ces pages. « Hélas! je le sais bien, reprit notre bonne Mère pleine de son idée et se méprenant sur le sens des paroles de la novice. »

On vantait un jour, en sa présence, les qualités

trop peu connues et trop peu exaltées du pauvre animal dont le nom sert de qualification injurieuse. « Ah! que vous me faites plaisir, s'écriat-elle, de le trouver bon à quelque chose; cela me console; car j'ai pris la résolution d'être l'*âne* du monastère! »

Elle se considérait comme la dernière de toutes, et elle pouvait dire en vérité qu'elle était la servante des servantes de Jésus-Christ. Nous savons aussi que notre Mère de Solages demanda à être admise au nombre des sœurs compagnes. Comme elle se trouvait heureuse tous les trois ans à l'époque de sa déposition!

« Ah! disait-elle, avec le vénérable Paul de la Croix, pour lequel elle avait une dévotion particulière, et dont elle partageait les sentiments au sujet de la supériorité : « *Nous allons en finir avec le* Révérendissime. » Elle était pendant ces huit jours plus joyeuse que jamais : elle demandait alors les plus petites permissions à la Mère Vicaire, se rendant tous les petits services que nous l'obligions presque à recevoir de nous dans les autres temps. Elle portait, à l'époque d'une de ses dépositions, un voile extrêmement vieux. La lingère l'avait priée, mais en vain, d'en accepter un autre. Aussitôt que notre bien-aimée Mère fut déposée, la lingère demanda, à la Mère Vicaire, de l'obliger à changer son vieux voile pour un neuf. Notre bonne Mère se hâta d'obéir, sans aucune observation. « Ma sœur, dit-elle à celle qui s'occupait de la lingerie, on m'envoie vous demander un voile neuf. » Là sœur, comme on le pense, ne se fit pas prier; mais, immédiatement après la réélection, notre Mère de Solages rapporta, à la lingère désappointée, le voile neuf, pour reprendre le vieux. Combien ces huit jours étaient courts à son gré, et combien elle eût été heureuse si on l'avait déchargée de ce fardeau de la supériorité qu'elle trouvait si pesant! Il fallait, chaque fois, que ceux qui étaient chargés de sa conduite, lui redisent que, refuser, ce serait résister à la volonté expresse de Dieu. On parlait un jour, en sa présence, d'une religieuse qui avait voulu quitter sa maison parce qu'on ne l'avait pas réélue. « Ah! dit-elle, vous pouvez bien me mettre de côté, je ne vous quitterai pas! » On a dit avec raison que la violence, qu'elle était obligée de se faire pour rester au poste que Dieu lui avait confié, fut cause du dépérissement progressif de sa santé. Combien elle aurait voulu vivre ignorée et comptée pour rien, faire le bien sous les yeux de Dieu seul, et ne fixer que ses divins regards! C'est par principe d'humilité qu'elle ne voulut pas qu'il fût fait mention de l'établissement dans le compte rendu de l'Œuvre de la Sainte-Enfance, et qu'elle souhaita toujours que le public ignorât les petites industries de nos élèves pour faire le bien et le résultat de leur zèle. Le même motif lui faisait redouter, pour elle-même et pour les autres, les voies extraordinaires : elle voulait que ses filles marchassent dans les chemins battus de la spiritualité, évitant le mysticisme trop relevé et tout ce qui sortait de la vie ordinaire. Aussi écartait-elle soigneusement de nos lectures les ouvrages qui auraient pu inspirer ou favoriser l'amour de l'extraordinaire.

Elle fut fidèle à ses principes d'humilité jusqu'à ses derniers moments où elle ne voulut donner aucun conseil à ses filles, qui l'en priaient, ni leur faire aucune recommandation sur la manière d'administrer les biens qu'elle laissait à notre maison, ni sur le gouvernement futur de la communauté dont elle était la fondatrice.

A l'appui de tout ce que nous venons dire au sujet de l'humilité de notre vénérée Mère, nous consignons ici un témoignage qui est d'un double prix à nos yeux. Nous le citons, sans préambule et sans commentaire, dans la crainte de ne pas assez bien ENCHASSER ce précieux document. C'est une lettre que nous fit l'honneur de nous écrire M. l'abbé Justin Maffre[1], chanoine de l'église métropolitaine d'Albi, après avoir lu la première notice imprimée, en 1876, sur notre Mère de Solages.

« MA RÉVÉRENDE MÈRE,

« J'ai été bien édifié en lisant la notice que vous avez consacrée à la Révérende Mère de Solages,

---

[1]. Rédacteur actuel (1878) de la Semaine religieuse du diocèse.

ancienne supérieure du Monastère de Notre-Dame, à Albi. Les traits les plus touchants abondent dans cette existence qui s'est consumée, comme la lampe du sanctuaire, loin des agitations de la foule, sous le regard et pour l'unique gloire du céleste Epoux. Vous, ses fidèles compagnes, qui, pendant de longs jours, avez joui du spectacle de ses vertus, vous avez voulu en prolonger l'édifiante vision en la faisant revivre dans quelques pages où, à l'aide de vos souvenirs, vous retracez admirablement sa vie. Cette vie est toute une révélation des vertus qui fleurissent à l'ombre du cloître, et des mérites que les âmes d'élite, comme la Révérende Mère de Solages, savent y conquérir. Pour moi, je l'avoue, il m'avait été donné d'entrevoir la beauté de cette âme généreuse et forte, et le parfum de ses belles vertus était arrivé jusqu'à moi. Voici à quelle occasion : j'avais écrit un tout petit livre sur le sanctuaire de Notre-Dame de Grâce. La trame du récit m'avait amené bien naturellement à dire quelques mots d'éloges au sujet de la famille de Solages. Avant d'avoir lu mon opuscule, Madame la Supérieure avait bien voulu souscrire pour un grand nombre d'exemplaires destinés à être donnés en prix aux élèves du Pensionnat de Notre-Dame. Mais à peine eut-elle pris connaissance des quelques lignes qui concernaient sa famille, que son humilité s'alarma. Elle daigna m'écrire immédiatement pour m'exprimer les perplexités qui l'agitaient et me témoigner tous ses regrets de ne pouvoir contribuer à la propagation d'une œuvre où les siens n'avaient pas été oubliés. En me témoignant de vifs regrets, elle s'associait, *d'une autre manière*, à la bonne œuvre que j'avais en vue et qui avait toutes ses sympathies. Voilà comment agissent les saints. La louange, même indirecte, les blesse. Ils ne veulent et ne recherchent d'autre gloire que la croix du divin Maître. Hélas! que nous sommes loin de leur ressembler!

« Permettez-moi d'ajouter, ma Révérende Mère, qu'ayant eu l'honneur d'aller deux fois, pendant que la sainte Mère de Solages vivait encore, présenter mes hommages à l'auguste fils de nos rois sur la terre d'exil, chaque fois Monseigneur le comte de Chambord daigna me charger d'aller offrir ses souvenirs à la Supérieure de Notre-Dame et de le recommander à ses prières et à celles de la Communauté : « J'ai la plus grande confiance, daignait-« il me dire, aux prières de Madame de Solages : « c'est une sainte! »

« Cette parole de l'auguste exilé, la France et l'Église, j'en ai l'espoir, la répèteront un jour.

« Je suis avec le plus profond respect, etc. »

Pendant son postulat, notre bien-aimée Mère avait donné d'admirables exemples de son amour pour la pauvreté : elle ne fit que croître dans cet amour. On l'a vue, supérieure, se faire faire un petit châle, dont elle avait besoin pour se garantir du froid, dans un hiver très-rigoureux, avec le vieux tablier d'une ouvrière devenue sœur compagne, et ne pas permettre qu'on le remplaçât par un autre fait d'étoffe neuve. Selon nos habitudes, elle échangeait fréquemment les objets qui étaient à son usage : elle ne voulut pas même garder un chapelet que M. le comte de Solages, son frère défunt, avait apporté de Rome, et qui avait touché, non-seulement à toutes les reliques de la Ville éternelle, mais encore à toutes celles que l'on trouve à Notre-Dame de Lorette. Après l'avoir conservé quelque temps, elle s'en défit en faveur d'une de ses filles qui ne lui témoignait aucun désir de l'avoir, et en le refusant à une autre qui le souhaitait, peut-être moins à cause de son amour pour les reliques, qu'à cause de l'attachement qu'elle avait pour notre sainte Mère.

Une de nos Mères avait un formulaire dont le grand âge n'était pas le seul défaut : certaines marques témoignaient de son long usage. Notre bonne Mère, qui était d'une propreté poussée jusqu'aux dernières limites, alla la prier un jour de vouloir bien échanger ce livre avec le sien. La Mère fut obligée de céder; cependant des morceaux de papier, collés çà et là pour empêcher les feuillets de se détacher, la mettaient dans l'impossibilité de lire quelques versets de l'office, lorsque ses souffrances l'obligeaient de le dire en particulier; notre bien-aimée Mère consentit alors seulement à accepter un livre plus propre et plus convenable.

Un dernier trait prouvera plus, que nous ne saurions le faire par de longues pages, son esprit de dépouillement. Notre bien-aimée Mère de Solages, qui employait ses grands revenus en bonnes œuvres de toutes sortes et au bien de la Communauté et du magnifique pensionnat qu'elle fit bâtir, demanda à la Mère Seconde si elle pouvait disposer d'un franc cinquante centimes pour faire dire une messe pour Madame la comtesse de Solages, sa mère défunte !.....

Par esprit de pauvreté, et aussi par esprit de mortification, elle refusa constamment, jusqu'à ce qu'on l'y contraignît à cause de son état de souffrance, d'user d'autres aliments que ceux qu'on servait à la Communauté. Bien souvent même alors, lorsqu'on mettait devant elle des primeurs ou quelque mets plus délicat, elle les faisait porter à d'autres malades. Un jour, elle était déjà presque mourante, M. l'Aumônier étant venu la voir, elle lui dit avec une grande expression de peine : « Croyez-vous ! on m'a servi une caille ! elle avait coûté un franc !..... »

Celle à qui la maison était redevable de son aisance et de sa prospérité, et qui peut être regardée comme sa fondatrice, craignait qu'on fît pour elle la plus minime dépense, dépense qu'elle eût laissé faire volontiers pour la moindre d'entre nous !

Puisque le sujet nous y amène, nous dirons quelques mots, ici, de sa bonté envers ses sœurs affligées par la maladie.

Jamais mère ne donna plus de soins à ses enfants chéris qu'elle n'en prodigua aux pauvres malades! La plus petite de nos indispositions l'inquiétait vivement; et un jour que, dans une lecture, on blâmait ceux qui se plaignent d'un petit mal : « Eh bien! nous dit-elle, je veux que mes filles viennent se plaindre à moi même d'un petit mal au bout du doigt. » Si elle était compatissante et pleine des plus délicates et des plus maternelles attentions pour les pauvres malades, elle voulait aussi que, lorsque ses filles étaient en butte à l'épreuve de la maladie, elles sussent se montrer vraiment religieuses. Notre bien-aimée Mère de Solages voulait laisser agir Dieu, en tout temps, sur le cœur et l'âme de ses filles; elle craignait également de devancer la grâce ou de ne pas la seconder assez. « Pendant que j'étais bien souffrante à l'infirmerie, dit une de ses filles, et que j'étais en proie en même temps à de violentes tentations, notre bonne Mère me dit un jour : « Je sais qu'en vous parlant d'une certaine manière je calmerais momentanément vos inquiétudes; mais j'ai souvent éprouvé qu'en retardant à mes filles mes pauvres consolations et en laissant faire Dieu, elles en étaient, plus tard, plus abondamment consolées! » « Ah! disait-elle encore, n'enlevons pas aux âmes le pain de la tribulation! » Et, tout en se proportionnant à la faiblesse de chacune, elle secondait les vues de Dieu dans les âmes qui lui étaient confiées et leur rappelait sans cesse les oracles du divin

Maître, qui veut que ses épouses, surtout, le suivent constamment dans la voie douloureuse du Calvaire. Parmi les âmes d'élite, nulle ne le suivit de plus près que notre Mère bien-aimée ! Nous savons, par de rares confidences, que Dieu ne lui épargna pas les souffrances et les tourments auxquels sont soumises les consciences les plus délicates, qui ne craignent rien tant que d'offenser par la plus petite imperfection le Dieu de toute sainteté !... Nous savons aussi avec quelle générosité elle pratiqua toute sa vie la mortification extérieure qui aide si bien à avancer dans la mortification plus parfaite des inclinations et de la volonté.

Pendant de longues années elle ne permit pas que l'on fît du feu dans sa chambre, même lorsque le froid était le plus intense : on devait se contenter d'y porter un réchaud. « Quand mes doigts sont engourdis par le froid et que je ne puis plus écrire, disait-elle, je me mets à genoux devant mon petit réchaud de terre et je me chauffe comme une pauvre mendiante ; c'est tout ce qu'il me faut ! » Une des choses qui la firent souffrir davantage, avoua-t-elle à une Mère qui, plus que tout autre, mérita et eut sa confiance, ce fut le manque d'éducation de quelques-unes des personnes qui l'entouraient, et cependant elle se montra si pleine de délicatesse que celles même qui, à cause du milieu où elles avaient vécu, étaient sûres de lui avoir donné cette occasion de souffrance, croyaient presque être l'objet de ses préférences. L'on peut voir en cela une preuve de cette grande charité qu'elle pratiqua si parfaitement et qu'elle s'efforça, toute sa vie, de faire pratiquer à tous les membres de sa petite Communauté, de laquelle elle disait : « Je voudrais qu'elle fût comme un diamant au doigt de Dieu ! » Blesser cette vertu si chère au divin Maître, même dans les plus petites choses, c'était la blesser au plus intime de son cœur.

Qu'elles étaient fortes, touchantes et persuasives à la fois les exhortations qu'elle nous faisait sur la charité ! On ne peut se faire une idée, sans l'avoir ressentie, de l'impression profonde qu'elles produisaient dans nos cœurs, qui savaient que notre bonne Mère ne conseillait rien qu'elle ne fît encore plus parfaitement elle-même. Nous ne pouvons résister au désir de mettre ici quelques passages de ses exhortations si souvent renouvelées à ce sujet. Mais combien y ajoutait de force et d'onction l'accent pénétrant et convaincu qui accompagnait les saintes paroles de notre Mère !

« Que ne puis-je, ô mes Sœurs, vous rapporter toutes les paroles brûlantes sorties du cœur de notre divin Maître, pour vous donner l'amour de cette belle vertu de charité fraternelle ! Aimez-vous les unes les autres comme il vous a aimées ! Voilà le gage qu'il nous demande de notre amour pour Lui ! Qui le lui refuserait ? Rappelons-nous l'étendue, la générosité de l'amour de Jésus pour nous ! Allons étudier, dans son divin cœur, ce feu sacré qui fera croître en nous toutes les autres vertus !...

« La charité, disait-elle ailleurs, règne parfaitement dans une communauté, s'il n'y a point d'esprits soupçonneux et susceptibles, et si chacune des personnes qui la composent est attentive à ne faire souffrir personne des inégalités de son caractère : si, enfin, une intelligence parfaite existe entre celles qui vaquent ensemble aux fonctions qui leur sont données par l'obéissance.

« Quand nous ne sommes pas chargées de la conduite des autres, jetons un voile sur ce qui peut être défectueux dans leur manière d'agir ; quelque imparfait que soit notre prochain, il y a toujours du bon en lui ; d'ailleurs, n'eût-il pas d'autre qualité que d'être la créature bien-aimée de notre Père céleste, dont il est l'image, cela doit suffire pour nous le faire estimer.

« Pénétrons-nous de cette estime intérieure et cordiale pour nos Sœurs, afin que, devenant bonnes, amicales, indulgentes envers elles, il n'y en ait aucune qui ne soit persuadée qu'elle a en chacune de nous une vraie sœur, une amie sincère. Souvenons-nous que, si nous n'avions pas la charité pour le prochain, Dieu compterait pour rien notre amour pour Lui, car ce serait un amour faux.

« Cette divine charité pousse la délicatesse jusqu'à souffrir des maux, soit corporels soit spirituels, des autres, plus qu'on ne souffre des siens propres. Loin de s'irriter des imperfections du prochain et de l'en estimer moins, l'âme pleine de charité se pénètre d'une tendre compassion pour des faiblesses auxquelles elle se croit exposée à chaque instant. Elle excuse tout et ne condamne qu'elle-même. La perfection du prochain et la sienne lui tiennent également à cœur. Elle s'efforce de l'instruire et de l'aider par ses exemples et ses prières. Oh! que la belle harmonie qui règne entre des cœurs unis par de pareils sentiments est ravissante, même aux yeux des anges !

« Le défaut de charité serait une des choses qui éloigneraient le plus de nous les bénédictions célestes et deviendrait la source de mille maux, de mille fautes qui blesseraient profondément le cœur de Dieu. Qu'on reconnaisse, dans toutes vos paroles, dans toutes vos relations avec vos Sœurs, que vous ne remarquez en elles que des vertus qui vous les font respecter et chérir.

« Qu'une secrète jalousie ne vous fasse jamais considérer, d'un œil malin, la conduite d'autrui, et citer chacun devant le tribunal de votre propre jugement pour y condamner des actions ou des paroles faites ou dites quelquefois avec les intentions les plus pures ou les plus saintes. Redoublez de vigilance, chaque jour, pour faire disparaître absolument tout ce qui porterait la moindre atteinte au prochain, dans vos paroles et dans vos procédés, préservant votre esprit de toute prévention qui lui serait désavantageuse et bannissant de votre bouche toute parole, toute remarque qui pourrait blesser. Mais ce ne serait pas assez d'éviter toute faute : nous devons nous estimer heureuses de pratiquer des actes de la vertu de charité, en toutes circonstances. Allons en puiser les ardeurs dans le cœur sacré de notre aimable Maître. Prions Marie, notre auguste Mère, de nous en ouvrir l'entrée et de le solliciter de faire jaillir sur nous quelques-unes de ces étincelles qui, nous embrasant de son saint et pur amour, nous feront consumer toutes nos facultés et notre vie tout entière à la gloire et à l'utilité du prochain!... »

Elle demandait constamment à Dieu de faire briller cette vertu en toutes ses filles, et sa conduite était l'accomplissement parfait et perpétuel de cette loi d'amour, premier précepte du Seigneur. Elle ne voulait entendre sortir de notre bouche aucune parole de blâme, même la plus petite critique, la plus légère plaisanterie tant soit peu malicieuse. Elle ne voulait pas non plus, qu'en lui demandant conseil, on nommât les personnes dont on avait à se plaindre, ni qu'on parlât en mal de celles même dont les défauts étaient publics. Elle avait défendu aux maîtresses de parler entre elles des défauts des élèves, à moins d'une absolue nécessité. Quelquefois nous l'avons vue profondément affligée pour des manquements que nous apercevions à peine : « Ah! la charité! la charité!! s'écriait-elle alors en levant au ciel, des yeux pleins de larmes! » Elle disait en parlant d'une personne d'un caractère très-difficile : « Il faut la gagner à force de prévenances. Fermons les yeux sur ses défauts; qui n'a pas les siens? » S'il arrivait qu'on eût, même involontairement et en de très-petites choses, blessé cette vertu, il fallait qu'on réparât immédiatement et humblement sa faute après en avoir reçu une énergique remontrance. Par esprit de charité, et aussi par humilité, elle renonçait souvent à ses idées et à sa manière de voir : elle cédait alors avec une telle simplicité qu'on aurait pu croire qu'elle n'avait jamais eu d'autre sentiment. Quand elle avait à faire un reproche bien mérité, elle en éprouvait une grande peine; et une de nos Mères se souvient que, quelques mois avant sa mort, notre Mère de Solages lui disait avec une inexprimable bonté : « Vous souvenez-vous de l'observation que je vous fis tel jour ? » Il y avait de cela près de dix ans. « Ma bonne Mère, répondit celle-ci, profondément touchée, si vous me l'avez faite, je l'avais bien méritée. » — « Ah! disait-elle bien souvent, après un reproche ou une observation, je n'ai pas voulu vous faire de la peine : je désirais seulement vous aider à vous corriger. »

Fidèle aux devoirs de sa charge et pénétrée du compte terrible qu'une supérieure aura à rendre au Juge souverainement équitable de la conduite des âmes qui lui sont confiées, elle signalait, comme une sentinelle vigilante, tous les dangers qui pouvaient menacer ses filles, et elle s'appliquait à leur faire aimer et rechercher les avertissements et les conseils qui éclairent ou redressent ceux qui veulent marcher, sans illusion, dans la voie qui conduit au salut.

Elle disait un jour, au sujet de l'article 9º de nos saintes Règles : « *Pour faire un plus grand profit spirituel, elles doivent être bien aises que toutes leurs fautes et leurs imperfections soient déclarées à la Mère Supérieure, etc...* « Toute religieuse, qui veut vraiment sa perfection, bénit cette règle et la considère comme une sauvegarde contre les illusions et la lâcheté, comme un flambeau qui éclairera sa marche jusqu'à sa tombe et qui la fait avancer vers son but en pleine sécurité. Recevez donc, mes chères filles, les avertissements soit généraux, soit particuliers, que l'intérêt de vos âmes nous inspire. Qu'est-ce qui peut rendre à une religieuse cette potion amère ? Ce qui peut la rendre pénible, c'est un dangereux amour-propre qui ne voudrait jamais être surpris en défaut. N'écoutez pas ce perfide qui ne fait sentir l'âpreté de l'humiliation que pour vous en dérober la douceur et vous en faire perdre le fruit. Mes chères sœurs, soyez jalouses de votre perfection comme votre céleste Époux, qui ne vous a pas élevées si haut pour se contenter chez vous d'une vertu commune ; il demande de vous un courage héroïque pour détruire, par l'abnégation et le mépris de vous-mêmes jusqu'à l'ombre de l'orgueil. Le cœur humain est si fertile en mauvaises productions que les défauts, qu'on croyait corrigés, reparaissent tout à coup comme les mauvaises herbes dans un champ dont elles ont été arrachées : aussi faut-il, pour arriver à une entière destruction, une vigilance courageuse et constante. Le cloître ne nous soustrait pas aux attaques de l'amour-propre, cet ennemi si dangereux qui nous rend si difficile la connaissance de nous-mêmes; mais l'état religieux offre plus de moyens de parer ses coups et de guérir ses blessures. L'un des plus puissants, ce sont les avertissements charitables qui nous signalent nos défauts. Ne nous lassons pas de revenir sans cesse sur le temps passé pour examiner, avec les yeux de la foi, toutes nos pensées, toutes nos paroles, toutes nos actions, et, sans nous flatter comme sans nous décourager, pesons-les nous-mêmes afin de comprendre, autant que nous en serons capables, de quel poids elles peuvent être dans la justice divine; car, environnées comme nous le sommes des illusions de l'amour-propre, il est bien à craindre que la plupart de nos œuvres ne soient pleines de mille imperfections dont nous sommes quelquefois les seules à ne pas nous apercevoir. Soyons heureuses au moins quand une voix charitable nous les signale. »

Elle avait habitué ses filles, non-seulement à recevoir avec humilité les avertissements et les corrections que la Providence leur ménageait par son entremise, mais encore à les rechercher par amour de l'humiliation. Un jour, une personne pleine de zèle, comme il n'est pas rare d'en trouver, accourait auprès de notre bonne Mère pour l'avertir d'un dégât qui s'était fait quelque part sans qu'on en connût l'auteur : « Si c'était une de mes filles, répondit-elle aussitôt, je le saurais ; elle me l'aurait dit. »

Comme nous l'avons dit ailleurs, rien n'échappait à sa vigilante surveillance : entendait-elle la démarche trop bruyante ou trop précipitée d'une novice, encore peu familiarisée avec la gravité religieuse, elle sortait de sa chambre et l'arrêtait au passage. « Nous étions presque sûres, ajoute une novice de ce temps, de la rencontrer près de la cloche au moment où, pauvres retardataires, nous allions sonner un exercice, ne fût-ce qu'une minute après l'heure indiquée, et nous l'entendions nous reprendre de notre inexactitude avec un ton et un air qui nous impressionnaient beaucoup plus que la pénitence qu'il est dans nos usages de demander et d'accomplir en pareil cas. »

Le soin de notre avancement était l'objet continuel de ses préoccupations : « Mes bien-aimées sœurs, mes filles, qui me devenez de plus en plus chères en Notre-Seigneur, nous disait-elle, que ne m'est-il donné de vous faire comprendre l'étendue de l'affection profonde et religieuse que je porte à chacune de vous en particulier : vous auriez la mesure du désir ardent de votre perfection, qui me brûle, et pour laquelle je sacrifierais volontiers santé, repos et mille vies, si je les avais, et si, par là, je pouvais hâter votre avancement dans la solide vertu ! Que Dieu daigne, du moins, bénir mes faibles efforts et vous persuader que la vigilance, avec laquelle je veille sur chacun de vos pas, prend sa source dans l'amour du devoir et dans la charité dont notre divin Maître m'a donné l'exemple. »

Elle nous disait encore à ce sujet, à l'époque d'une rénovation des vœux :

« Le Seigneur m'a donné à votre égard, mes chères filles, non-seulement le titre, mais un vrai cœur de mère. Dès que je me suis vue chargée de la conduite de ce monastère, vous avez été témoins de mes tendres sollicitudes. Après avoir tâché de pourvoir aux nécessités temporelles les plus pressantes, je ne vous ai pas laissé ignorer que j'avais encore bien plus à cœur votre avantage spirituel. Mais, pour des biens d'un si haut prix, je suis dans l'impuissance de vous les procurer moi seule : j'ai donc besoin du concours de chacune de vous, ce que je ne doute pas que vous ferez toutes à l'envi, bien persuadées de cette maxime évangélique : « Cherchez d'abord le royaume de Dieu « et sa justice, et tout le reste vous sera donné « comme par surcroît. » Notre seule ambition doit être de nous voir pourvues de tous les trésors de la grâce, et, pour les obtenir, adressons-nous à notre divine Mère, à l'approche du jour où nous célébrons son triomphe dans le Ciel, jour auquel il nous sera donné de ratifier les promesses que nous avons faites au Seigneur. Mais, tandis que nous ferons tous nos efforts pour attirer sur nous les dons célestes, prenons garde d'y mettre obstacle par des défauts qui, en nous rendant indignes de notre profession, nous rendraient, en même temps, odieuses à notre divin Epoux. » Notre bien-aimée Mère, qui voulait nous prémunir contre tous les dangers, nous disait un jour, en nous parlant d'un certain mauvais esprit opposé à l'esprit religieux :

« Comme ce mal redoutable peut se glisser partout, il nous importe extrêmement de nous tenir en garde contre lui, d'autant plus qu'il s'insinue dans l'âme quelquefois même avant d'avoir été aperçu, sachant se couvrir des plus beaux, des plus légitimes prétextes : et alors, que de ravages il commet au dedans et au dehors ! D'abord, il opère dans l'âme une véritable transformation : d'humble, bonne et soumise qu'elle était, il la rend vaine, vindicative et désobéissante. Elle était auparavant douce, pieuse, intérieure ; le mauvais esprit la rend prompte à sortir d'elle-même en toute occasion ; elle devient, par ses mauvais procédés comme par ses pernicieux exemples, une source de mal pour ceux qui l'entourent ; et si, par elle, il vient à se répandre, on verra naître, de tous côtés, des préventions odieuses, des soupçons, des critiques, des murmures, la jalousie, la haine, l'indépendance, en un mot, tous les vices opposés à l'humilité, à la charité, à l'obéissance. Enfin, tôt ou tard, de la maison la plus régulière, il fera un lieu de trouble et de discussions.

« Les moyens de se garantir des coups d'un ennemi si insidieux, c'est d'abord d'accepter en esprit d'abnégation, et sans laisser à l'amour-propre le temps de s'en blesser, les déplaisirs quelconques, les humiliations subies. En second lieu, il faut couper court avec tous les raisonnements de l'imagination ; car, si on les écoute, des choses que Dieu ne permettait que pour notre mérite, de simples suppositions s'envenimeront au point que, aveuglé par l'orgueil et le ressentiment, on prend en mauvaise part et on se fait un sujet de plainte des égards même que, par charité et par affection, on voudra prodiguer à l'âme atteinte de ce déplorable esprit. »

Saintement jalouse de la perfection de ses filles, jalouse de leur cœur, pour que rien d'humain, en s'y glissant, ne vînt les empêcher d'être entièrement et parfaitement à Dieu, elle veillait à ce qu'aucune affection humaine n'y pénétrât. Elle prenait des précautions infinies pour que tout sentiment naturel, tout ce qu'on nomme affections particulières, en fût sévèrement banni ; elle voulait que, dans leur conduite avec les élèves, les maîtresses, en se montrant pleines de bonté, se tinssent en garde contre toute faiblesse et contre toute familiarité surtout. « Il faut, disait-elle, qu'il y ait, dans la conduite des maîtresses à l'égard des élèves, une parfaite conformité. Persuadons-nous d'abord que, par une douceur constante, on parvient beaucoup plus facilement à captiver les esprits et les cœurs que par tout autre moyen ; mais *entendons-nous,* ce ne doit pas être une douceur lâche qui dégénère en négligence, une douceur répréhensible qui, par crainte de perdre son influence et peut-être même l'affection des élèves, supporte les infractions à la règle sans les reprendre ; mais une douceur aussi forte que suave, qui sait inspirer le respect, alliant la fermeté à la bonté. Notre étude doit être d'être fermes, sévères même, quand il le faut, et en même temps calmes et douces, pleines de dignité et de bonté tout à la fois. » — « Dans tout l'extérieur d'une religieuse, ajoutait-elle, doit rejaillir cet ensemble de noblesse et de simplicité qui doit faire le caractère d'une épouse du Roi des rois, dans ses relations avec les élèves, comme avec les personnes du dehors, et en tout temps et en tous lieux. »

C'est par la réunion de ces précieuses qualités que notre bien-aimée Mère de Solages sut conquérir, en même temps, et le cœur et le profond respect de tous ceux qui approchaient de sa personne. On était d'abord saisi d'un sentiment de crainte quand on la voyait pour la première fois, mais, lorsqu'on avait causé quelques instants avec elle, on ne ressentait plus que l'heureuse impression que font éprouver la noble simplicité, l'extrême bienveillance et la bonté parfaite. Une grande timidité empêchait souvent notre bien-aimée Mère de laisser voir ses sentiments affectueux et remplis de délicatesse, mais elle disait aussi quelquefois de ces mots charmants et si pleins de cœur qu'on n'en perdait jamais le souvenir. Nous ne pouvons résister au besoin de citer ici quelques fragments de ses lettres où se montre son extrême sensibilité.

A une novice que le mauvais état de sa santé avait forcée de rentrer dans le monde.

« Ma chère fille, j'ai lu avec intérêt et satisfaction la lettre qui m'a donné de vos nouvelles; il me tardait d'en recevoir et je m'étonnais déjà de votre long silence. Si je ne vous ai pas répondu plus tôt, c'était pour attendre que mes nombreuses occupations me permissent de vous écrire plus longuement, afin d'essayer, avec la grâce de Dieu, de consoler votre pauvre cœur exilé, pour un temps, de sa véritable patrie. Je ne vous dirai rien de ce que le mien a éprouvé lorsqu'il fallut se décider à cette cruelle séparation que votre santé rendait nécessaire : vous l'avez assez compris. Je ne m'étonne pas de l'état d'abandon que vous éprouvez dans la terre aride du siècle, après avoir joui de l'abondance que Dieu réserve à ses épouses choisies dans son jardin de prédilection! Je vous regrette de toute mon âme en souhaitant qu'un remède aussi amer vous soit efficace et pour la santé spirituelle et pour celle du corps. Il est bon quelquefois d'être privé des biens que l'on a acquis sans beaucoup de peine, afin de savoir mieux les apprécier. Profitez-en, ma chère fille, et faites en sorte que les réflexions que la grâce n'aura pas manqué de vous suggérer dans les pénibles circonstances où vous vous trouvez ne s'effa-

ent jamais de votre mémoire ; quel que soit l'avenir
que la Providence vous prépare, elles ne pourront
que vous être salutaires. Car, si vous êtes condam-
née à rester dans le monde, ce sera un préservatif
contre la contagion de l'air empesté qu'on y res-
pire ; si vous rentrez dans le cloître, elles éloigne-
ront de vous les tentations d'ennui et de regret
que le démon pourrait mettre en usage pour vous
faire chanceler dans la voie étroite de la vie religieuse. Hâtez le rétablissement de votre santé par la
ferveur des vœux que vous adresserez au Seigneur
et venez nous montrer qu'en changeant momentanément de costume, vous n'avez pas changé de résolution, et que le Seigneur sera toujours l'*unique*
de votre cœur, à la vie et à la mort !.....

« Je termine ma lettre en veillant notre pauvre
Julie[1] qui a été administrée, il y a déjà quelques
jours, et qui est entre la vie et la mort. Ah ! c'est
à cette heure que l'on juge des choses de ce monde
selon la vérité, et que l'on reconnaît le néant de
tout ce qui passe ! Heureux celui qui en a toujours été détaché ! »

1. Tourière, ancienne cuisinière de notre maison, administrée une seconde fois depuis cette époque, et qui aujour-
d'hui (1878), âgée de soixante-quatorze ans, jouit encore
d'une parfaite santé. Interrogée sur ses souvenirs, au sujet
de la Mère de Solages, elle répondit dans son langage plein
de naïveté : « *Ce que j'ai remarqué d'abord en notre bonne
Mère, c'est qu'elle se mettait toujours au-dessous de moi.* »

A Mlle A. M***

« Le bon Dieu a exigé de nous un bien cruel sacrifice. Notre chère petite sœur Fanny Cahusac[1], qui avait enfin obtenu la permission de rentrer au couvent le 10 octobre, est morte presque subitement le 23 du même mois..... Dieu l'a trouvée prête, il l'a prise avec lui ! Oh ! qu'elle est heureuse ! elle était si pure et si vertueuse qu'elle jouit probablement de la récompense que ses efforts ont si bien mérité ! Mais elle nous a laissées tout atterrées d'un départ si prompt, et nous serons longtemps tristes de l'avoir perdue, car nous l'aimions tant, et c'était un si édifiant modèle de toutes les vertus religieuses !..... Je vous recommande de penser à ses vertus pour les imiter. Ah ! oui, comme elle, soyez fidèle à tous vos devoirs envers Dieu, généreuse pour vous renoncer et lui offrir des sacrifices, car c'est ainsi que se prouve le véritable amour ; et surtout soyez bien humble, aimez la vie cachée, ne cherchez que Dieu seul pour témoin du bien que vous faites : c'est en ceci surtout que notre chère petite novice a excellé. Elle n'a cherché qu'à s'abaisser : aussi sera-t-elle bien exaltée par Celui qui chérit les humbles ! »

[1]. Morte en 1858, âgée de vingt et un ans.

A la même.

« J'ai dû attendre aux vacances pour vous remercier des sentiments de gratitude que vous m'exprimez et pour vous dire qu'ici on ne vous a pas oubliée. Oui, je prierai pour vous, ma bonne A***, que je regarde toujours comme une de mes chères enfants. Tout le monde a besoin de prières; mais qui en a plus de besoin qu'une jeune fille exposée aux dangers du monde? Aussi je demande au Seigneur de vous conserver toujours bien fidèle dans son saint service. Oh! tâchez de croître chaque jour en ferveur et en vertu : la vraie piété seule peut faire supporter les épreuves de cette triste vie. Mais aussi avec elle que n'endurerait-on pas pour l'amour de Dieu et pour se procurer le repos et les jouissances infinies de la vie éternelle! Courage donc! mon enfant, courage! et lorsque vous sentez trop le poids de la vie, lorsque l'abattement et la tristesse semblent vous gagner, élevez votre cœur vers la patrie, regardez le ciel, et dites : bientôt, oui, bientôt je prendrai mon essor vers celui qui a toujours possédé toutes mes affections et auquel j'ai consacré ma vie. Quoique vous ne soyez pas au couvent, vivez comme si vous y étiez, vivez de cette vie tout intérieure, qui nous unit à Dieu, et vos jours s'écouleront bien doucement et bien rapidement... »

A Mme D'A***, née de P***

« Je n'oublierai jamais, chère Pauline, la marque d'amitié que tu viens de me donner. Il est bien vrai de dire que c'est dans les circonstances les plus critiques que l'on reconnaît les vrais amis.

« Non, ta lettre n'est pas trop longue, chère amie, quelque déchirants que soient pour mon cœur les détails touchant ma très-chère mère! Ils sont accompagnés de circonstances où je puise une grande consolation, puisqu'ils m'assurent que celle qui fait couler mes larmes est passée à une vie meilleure et qu'elle jouit de son Dieu; mais, malgré toute la résignation possible, le coup n'en est pas moins fortement senti, car la profession religieuse n'éteint pas les affections légitimes; en les purifiant, elle les rend plus vraies et plus vives. J'avais sacrifié au Seigneur le bonheur de passer ma vie avec elle : il permettait que j'eusse encore la satisfaction de la voir, quoique d'une manière bien passagère, il est vrai. Maintenant il demande la consommation du sacrifice, qui n'est point sans amertume!! Je suis pour ainsi dire plus affectée du chagrin de mes frères et de mes sœurs que du mien propre! Quel vide pour toute la famille! Quel lien de moins! Dieu le veut ainsi! Ce mot ferme la bouche à toute plainte.

« La soumission à la volonté de Dieu donne bien

de la force! Je craindrais de faire outrage à ton cœur, si bon et si affectueux pour les miens, que de te prier de consoler mes sœurs. Tu l'as déjà fait. Dans leur douleur peut-être n'auraient-elles pas le courage de m'écrire. Tu serais bien bonne de me donner de leurs nouvelles. Cela a été pour moi une bien douce satisfaction de savoir que ton excellente mère avait pu donner ses soins à la mienne qui l'affectionnait tant et qui avait tant de confiance en elle. Je ne tarirais pas, ma bonne amie, si je suivais les inspirations de mon cœur : si ma plume s'arrête, il ne se tait pas et se plaît à te redire combien il t'aime et combien il est reconnaissant de ton précieux souvenir. »

Les bornes que nous nous sommes prescrites et la discrétion nous font un devoir de restreindre ces citations qui, mieux que tout ce que nous pourrions dire pourtant, révèleraient les qualités précieuses du cœur si bon de notre vénérée Mère. Que ne nous est-il donné surtout de publier sa correspondance avec M⁽ᵐᵉ⁾ la marquise de Solages, sa belle-sœur. Les quelques fragments de ces lettres que nous avons pu voir renferment d'admirables sentiments de piété, sous la forme la plus gracieuse, et offrent de nouvelles preuves de la grande vertu de ces deux âmes si saintes et si dignes l'une de l'autre.

Pour achever son portrait, hélas! bien imparfait, nous avons à parler encore de son admirable simplicité, de son esprit de foi, de son angélique piété.

Notre bien-aîmée Mère de Solages avait cette simplicité que l'on a appelée la perfection de l'humilité, qui ne cherche que Dieu, n'aime que lui, reporte à lui seul toutes ses pensées, toutes ses affections, toutes ses actions, et ne veut que lui seul pour soutien, pour consolateur, pour récompense. Elle était simple aussi dans son extérieur, mais d'une simplicité pleine de grandeur et de noblesse, et c'était son exemple et ses leçons qui donnaient à nos enfants ce cachet de simplicité qu'on remarquait en elles. Puissions-nous, en suivant ses conseils, leur inspirer l'amour de cette belle vertu !...

Une de ses filles, à qui elle en parlait souvent, assure qu'elle disait là-dessus des choses plus admirables que celles qu'elle avait lues dans les meilleurs auteurs ascétiques ; et c'était d'autant plus facile à notre Mère bien-aimée, que pour en parler éloquemment, il lui suffisait de dire ce qu'elle sentait et ce qu'elle pratiquait constamment aux yeux de tous.

Une conséquence de cette simplicité en elle, c'était une droiture admirable et un grand amour pour la vérité. Elle était si sincère et si vraie dans ses paroles, qu'à moins de preuves les plus évidentes et les plus palpables, elle ne pouvait pas croire qu'on pût vouloir la tromper ; et, bien souvent, avouait-elle, elle avait été dupe de son excessive bonne foi.

Simple et droite dans ses relations avec ceux qui

l'entouraient, elle allait à Dieu avec la même simplicité. Elle avait écrit sur une image représentant l'Enfant Jésus, à Bethléem : « Il faut souhaiter la bonne année à notre Père céleste, à Jésus, à Marie, aux saints Anges et à saint Joseph. » Il faut la souhaiter au bon Dieu de cette sorte, ajoutait-elle, en paraphrasant la première partie du *Pater* : « Que votre nom, Seigneur, soit sanctifié, mieux qu'il ne l'a été les années précédentes; qu'il ne soit outragé par aucune créature; que votre règne arrive dans tous les cœurs; soyez-en l'unique maître et possesseur; que votre volonté soit faite sur la terre comme au ciel; que nul ne s'oppose à vos desseins adorables, mais que votre divin bon plaisir s'accomplisse toujours sur nous. »

Nous aimions à la voir à l'approche de Noël, tenant sur ses genoux, avec un religieux respect, un bel Enfant Jésus dont elle frisait elle-même les blonds cheveux. Elle avait ordonné qu'une lampe brulât toutes les nuits auprès du berceau du divin Enfant placé dans la salle de Communauté; et cette lampe était l'image de son cœur plein d'amour, toujours veillant, même pendant son sommeil, comme celui de la sainte Epouse des cantiques.

La simplicité de notre bonne Mère de Solages ne nuisait en rien à son incomparable prudence. Ne comptant nullement sur ses lumières, elle demandait plusieurs fois le jour celles de l'Esprit-Saint pour lequel elle avait une dévotion spéciale;

elle le suppliait de lui faire connaître, en toutes choses, l'adorable volonté de Dieu, pour qu'elle l'accomplît; et, inspirée par ce divin Esprit, elle jugeait des choses comme Dieu en juge, et agissait d'après ses inspirations.

Pleine de défiance d'elle-même, pénétrée de l'idée de sa prétendue incapacité, elle consultait, même dans les plus petites choses, ses supérieurs qu'elle regardait comme les interprètes de la volonté de Dieu à son égard. Elle prenait aussi souvent conseil de ses inférieures, de la Mère Seconde surtout, qui l'aida, par son zèle et son dévoûment, à porter le fardeau si pesant de la supériorité. Aussi n'y eut-il jamais rien d'inconsidéré dans ses déterminations, pas plus que dans ses paroles et ses actes. On allait quelquefois lui demander sa manière de voir sur des choses fort simples et faciles à juger : il était rare qu'elle dît immédiatement ce qu'elle en pensait; sa réponse ordinaire était celle-ci : « Je verrai, je réfléchirai. » Et ce n'était, en effet, qu'après avoir prié, réfléchi et consulté, qu'elle émettait son jugement dont on était toujours forcé de reconnaître la parfaite justesse.

L'esprit de foi de la Mère de Solages, disait le prêtre qui la confessait lorsqu'elle fut élue supérieure, était aussi grand que celui des martyrs des premiers siècles de l'Église : elle voyait Dieu en toutes choses; tout l'y ramenait, ou plutôt, rien ne pouvait en distraire son esprit et son cœur. Son amour pour Lui était accompagné d'un profond respect : aussi était-elle comme anéantie en sa présence, et rarement elle pouvait dire son appréciation sur la musique et les morceaux qu'on exécutait dans notre chapelle. Quand on lui faisait part de quelques remarques faites au chœur, elle répondait avec étonnement : « Comment avez-vous pu voir cela ? moi, je n'ai rien vu. » Qu'il était beau de la contempler immobile, absorbée en Dieu, et comme insensible à tout ce qui se passait autour d'elle, s'entretenant cœur à cœur avec le divin Prisonnier du Tabernacle qu'elle aimait si ardemment, et auquel elle offrait ses adorations profondes, ses actions de grâces et surtout ses ferventes réparations pour tant d'âmes qui le méconnaissent et l'offensent ! Notre bonne Mère de Solages avait mille industries pour ne laisser sans correspondance aucune des grâces de Dieu, et sa divine parole était, pour elle, l'objet d'un souverain respect et de la plus pieuse attention. Elle prenait soigneusement note, en se les appropriant, des lectures, des instructions qu'elle entendait, afin d'en tirer plus de fruit pour son âme.

Elle écrivait beaucoup ; mais le sentiment de toutes celles qui la connurent, et les pages qu'elle livra quelquefois à ses filles, nous font croire, qu'à cause de l'extrême défiance qu'elle avait d'elle-même et de sa profonde humilité, c'était plutôt ce qu'on lui avait dit ou ce qu'elle avait lu qu'elle transcrivait, en se l'appropriant, que ses conceptions personnelles.

Sa dévotion spéciale était le Sacré-Cœur de Jésus, qu'elle honorait de toutes manières, et qu'elle s'efforçait aussi de faire honorer par tous les cœurs sur lesquels elle avait de l'influence.

Elle avait recommandé instamment aux maîtresses qui s'occupaient de la direction des élèves de leur faire connaître le divin Cœur : aussi, nos chères enfants se montraient-elles pleines de zèle pour cette dévotion ; elles s'efforçaient de la propager à leur tour et elles prenaient le titre glorieux de *petites apôtres du Sacré-Cœur !...*

Notre bien-aimée Mère de Solages faisait célébrer, avec la plus grande pompe, la fête annuelle du Sacré-Cœur, et elle avait institué un grand nombre de pratiques pour le premier vendredi de chaque mois et même pour tous les jours de l'année.

Elle était fidèle au saint rendez-vous des associés du Sacré-Cœur et, lorsqu'elle entendait sonner neuf heures et quatre heures, elle se hâtait d'élever vers Lui son cœur et ses pensées. Elle interrompait sa conversation, même au parloir, si elle le pouvait sans manquer aux convenances qu'elle savait si parfaitement garder ; et, quand elle était dans sa chambre, elle s'agenouillait quelques instants pour rendre ses hommages au divin Cœur. Ces deux rendez-vous ne suffisaient pas à son amour ; elle avait institué comme une autre petite association dans laquelle, elle-même et ceux qu'elle y avait admis devaient, deux fois encore dans le jour, redire au Cœur adorable de Jésus leurs doux serments de fidélité.

Elle se réjouissait d'avoir une chapelle consacrée au divin Cœur, et souvent ses regards se portaient amoureusement vers l'image sacrée qui la décorait et qu'elle pouvait contempler de son prie-Dieu.

Lors des troubles de 1848, elle nous disait : « Ne craignez pas : le Sacré-Cœur de Jésus nous protége ! il ne nous arrivera aucun mal ! »

Profitant de toutes les occasions pour nous exhorter à la pratique des vertus religieuses, elle nous disait encore à cette époque : « Immolons tout ce qu'il y a de défectueux en nous : la victoire n'est promise qu'à une valeur constante et à une générosité qui ne recule devant aucun sacrifice. Il s'agit de répondre aux droits de notre Époux divin sur nous et de le dédommager de la lâcheté de tant de mauvais chrétiens qui le délaissent et l'outragent. Les temps sont mauvais ; ils peuvent devenir encore pires, car tout semble présager que l'ordre ne peut se rétablir sans une forte crise. Nous ne savons quelles épreuves le Seigneur nous réserve, mais viendra le temps peut-être où nous ne devrons plus nous borner à cette petite guerre intestine que nous avons à soutenir journellement contre nous-mêmes : ce sera alors le moment de déployer tout l'héroïsme de notre sublime vocation et de prouver au monde ce que sont de véritables épouses de Jésus-Christ. Prenons courage, mes sœurs, ne craignons rien : Jésus sera toujours avec nous si nous sommes fidèles à garder sa foi et son amour; et dans quelque position que nous jettent les secousses des États bouleversés, fortes de notre union avec Jésus, nous planerons toujours au-dessus de tous les événements avec Celui dont le royaume n'est pas de ce monde et qui nous fera un jour régner avec lui !... »

Le cœur immaculé de Marie était aussi pour elle l'objet d'un culte spécial, et elle avait une dévotion particulière à l'Immaculée-Conception. Combien elle se réjouit, lorsque, en 1854, la voix de Pie IX, répondant aux désirs ardents de tous les dévots de Marie, imposa, par la promulgation de ce dogme sacré, cette douce croyance à l'univers. Une splendide fête et de brillantes illuminations prouvèrent à la fois, et son amour pour Marie, et le bonheur qu'elle éprouvait de voir exalter le plus beau de ses privilèges. Nous nous souvenons que notre vénérée Mère nous dit un jour de la Nativité de la sainte Vierge : « Puisque vous vous obstinez à me nommer supérieure, je viens de me choisir une Mère abbesse; elle gouvernera pour moi; et vous irez, s'il vous plaît, lui offrir aujourd'hui vos hommages. » Elle fit placer dans notre chœur une belle statue de l'Immaculée-Conception. Une petite lampe brûle nuit et jour à ses pieds, et c'est comme une prière perpétuelle en l'honneur de celle dont nous nous glorifions d'être les filles et que nous appelons avec tant de bonheur *notre Dame et notre Maîtresse.*

En 1848, elle avait fait placer, sur la porte de clôture et en divers endroits de la maison, une image de la sainte Vierge avec l'inscription suivante : *O Marie, conçue sans péché, priez pour nous qui avons recours à vous ;* et il lui semblait que les complots des méchants échoueraient devant ce palladium sacré.

Notre bonne Mère de Solages honorait aussi spécialement la sainte Vierge sous le titre de Notre-Dame des Sept-Douleurs. Elle célébrait avec une grande dévotion le jour de cette fête qu'elle appelait celui de sa conversion, parce qu'elle y avait reçu des grâces spéciales de Dieu. Nous croyons que ce fut en l'une de ces fêtes, qu'un vénérable prêtre de Toulouse, son confesseur, lui prédit qu'elle serait appelée à commander un jour, elle qui n'aimait rien tant que la soumission et l'obéissance, à l'exemple du divin Maître dont elle méditait sans cesse les infinis abaissements dans les mystères de sa douloureuse Passion !

Si la vénérée Mère de Solages aimait Dieu et sa sainte Mère, on peut dire qu'elle aimait du même amour la sainte Église dont nous sommes les enfants. Elle suivait, en tout temps, son esprit dans la célébration de ses fêtes, et respectait souverainement ce qui était prescrit ou approuvé par elle.

Son respect pour les saintes pratiques en usage dans l'Église notre mère lui faisait apporter tous ses soins à ce que les diverses parties de l'office fussent récitées avec toute la révérence et toute la dévotion convenables, et que les rubriques fussent ponctuellement suivies. Elle appelait souvent, dans ses avis et ses exhortations, l'attention de ses filles sur cet article que son amour pour Dieu et son profond esprit de foi lui faisaient regarder, avec raison, comme de la plus haute importance. Elle disait qu'en récitant les psaumes latins qu'elle ne comprenait pas, elle s'imaginait être comme les petits enfants qui répètent, à leur père et à leur mère, un compliment dont ils ne comprennent pas le sens, ce qui ne laisse pas de leur faire un grand plaisir.

On a retrouvé les résolutions suivantes, écrites de sa main, et qui sont l'expression fidèle de tous les sentiments qu'elle manifestait à ce sujet :

« Mon Seigneur, faites que, désormais, abîmée
« en votre présence, anéantie au pied de votre
« trône, je force, en quelque sorte, votre miséri-
« corde par mon respect et par mes adorations. Je
« m'acquitterai de l'office divin avec ferveur, zèle
« et amour. Je me rendrai digne de chanter vos
« louanges en vivant dans une grande pureté et
« dans la mortification parfaite de mes sens. J'irai,
« je volerai au chœur tout enflammée d'amour et
« toute transportée de joie dès que j'entendrai le
« signal qui m'appellera. Je me figurerai entrer
« dans le ciel en entrant dans le chœur, et je tâche-
« rai de me pénétrer des mêmes sentiments de res-
« pect dont les bienheureux sont remplis devant

« votre trône. J'invoquerai d'abord votre Esprit-
« Saint, je le prierai de venir prendre possession
« de mon âme, d'y former des sentiments con-
« formes aux paroles que je prononcerai de bou-
« che, afin que ce ne soit pas moi qui parle,
« mais que ce soit lui-même qui parle en moi et
« par moi. J'entrerai dans les affections qu'expri-
« meront les paroles que je réciterai ou que je
« chanterai. Je m'en pénétrerai, ou, si je n'en
« comprends pas le sens, je m'entretiendrai de vos
« mystères. Je ranimerai sans cesse ma foi par des
« actes réitérés et pleins de ferveur. Je veillerai
« continuellement sur moi-même et sur mes sens.
« Je ne donnerai point occasion à la distraction,
« ni par des regards légers, ni par des paroles
« inutiles. Dès que je m'apercevrai que mon esprit
« ou mon cœur s'égareront de vous, je vous en
« demanderai instamment pardon; je m'humi-
« lierai de ma faiblesse, j'en gémirai profondé-
« ment. Je renouvellerai avec plus de ferveur mon
« application. Je vous conjurerai de fixer mon
« esprit, d'unir mon cœur au vôtre. Je me distin-
« guerai par la vivacité de ma foi; je me consu-
« merai, comme un holocauste d'amour, par l'ar-
« deur de ma prière; chaque parole que je pro-
« noncerai sera comme une flamme qui sortira de
« mon cœur et qui montera vers votre trône pour
« vous renouveler mon attachement, mon ardeur,
« mon respect. La célébration de votre divin office
« sera pour moi une espèce de transport et de

« ravissement. Je bannirai toute posture peu dé-
« cente, toute situation trop commode. Je n'épar-
« gnerai pas ma voix par délicatesse : elle ne peut
« être employée à un plus glorieux exercice. Je
« prononcerai exactement toutes les paroles. En
« psalmodiant de la bouche, je chanterai, je psal-
« modierai *dans mon cœur*, selon le conseil de
« l'Apôtre, persuadée que je vous parle, Seigneur,
« et que vous me parlez; que je suis l'organe de
« votre Esprit-Saint et que je ne dis rien qu'il
« n'ait dicté lui-même.

« Après l'office, je vous demanderai pardon, ô
« mon Sauveur, des distractions involontaires que
« j'y aurai eues et des négligences que j'y aurai
« commises. Je les purifierai dans votre sang. Je
« tâcherai, par mes humiliations, par mes larmes
« et par mes gémissements, de vous faire satisfac-
« tion des fautes que j'y aurai faites, et, lorsque je
« sortirai du chœur, ce sera comme si je descen-
« dais du ciel, c'est-à-dire, toute pénétrée de
« vous !...

« Pour remplir ces saintes résolutions, donnez-
« m'en vous-même la grâce, ô mon Dieu ! Répan-
« dez dans moi cet esprit de prière qui forme,
« dans le cœur de vos enfants, des cris que vous
« entendrez et auxquels vous ne pourrez résister !
« *Amen, amen !*

« L'âme fidèle, écrivait-elle encore ailleurs sur
« le même sujet, quoique dans un recueillement
« habituel, rentre plus profondément en elle-

« même pour réfléchir à ce qu'elle va faire avant
« de s'acquitter de cette fonction angélique. Elle
« se purifie par des actes de contrition et d'amour.
« Elle renonce à tout ce qui pourrait la distraire.
« Elle dirige son intention désirant surtout de
« plaire à Dieu et implorant pour cela le secours
« du ciel par une ardente prière. Dès lors tout prie
« en elle ; son esprit prie par une attention sou-
« tenue qui l'applique à Dieu, son cœur prie par
« une grande dévotion qui l'unit à Lui, son corps
« prie par une posture respectueuse qui la tient
« comme anéantie en sa divine présence. Elle
« savoure les noms de Dieu, de Seigneur, de Jésus
« et de Marie, toutes les fois qu'elle les prononce
« en disant intérieurement : Je vous adore et je
« vous aime.

« A chaque *Gloria Patri*, elle renouvelle son
« intention et renonce aux distractions. Enfin,
« lorsqu'elle a fini, elle remercie Dieu de l'avoir
« soufferte en sa présence, de lui avoir permis de
« publier ses louanges malgré son indignité et ses
« nombreux péchés, et, rentrant en elle-même,
« elle demande pardon à Dieu des fautes qu'elle a
« commises et lui promet de le prier à l'avenir
« avec plus de préparation, d'attention, de dévo-
« tion et de ferveur.

« Cœurs de Jésus, de Joseph et de Marie, mo-
« dèles de toutes les vertus, oui, je veux vous
« aimer tous les jours de ma vie. »

Cette âme fidèle, ah ! c'était bien notre bien-aimée Mère; mais sa profonde humilité la faisait s'ignorer elle-même et mettre tout en œuvre pour dérober, à la connaissance des autres, ce que son profond respect et son anéantissement devant Dieu leur faisaient aisément deviner.

Les ministres de l'Église avaient part aussi au respect si grand qu'elle professait pour l'Église elle-même. Elle avait pour eux des égards infinis et rien d'humain ne se mêla jamais dans ses rapports avec ceux qui furent ses supérieurs. Elle voulait qu'on en parlât avec le plus grand respect; et elle voulut, un jour, chasser du pensionnat une jeune élève qui avait parlé d'un prêtre, non en termes inconvenants, mais simplement *familiers*. Elle regardait, comme des oracles du ciel, chacune des paroles de ceux que Dieu avait chargés de sa conduite, et elle écrivait exactement, pour la relire, la morale de chaque confession. Si elle vénérait les ministres de l'Église, elle vénérait bien plus encore son auguste chef, et elle avait pour le Souverain-Pontife le plus filial et le plus respectueux amour.

S'il nous avait été permis de lire tous ses écrits, que de preuves encore nous aurions eues de son éminente piété et des pratiques si saintes qui l'entretenaient dans son cœur qui, cependant, ne fut jamais favorisé, assura-t-elle à une de nos mères, des consolations si douces que Dieu prodigue quelquefois à certaines âmes! Mais elle ne cherchait que le Dieu des consolations, et non les consolations de Dieu ; et, constamment fidèle, sans recherche d'elle-même, excitée seulement par son amour généreux, elle marchait toujours d'un pas égal dans les sentiers de la vertu. Nous avons conservé une offrande à la Sainte-Trinité, composée par elle-même, nous le croyons, et où se peignent les sentiments de son cœur. C'était une de ses prières de chaque jour. Nous la consignons ici comme un doux souvenir de notre Mère bien-aimée.

OFFRANDE A LA TRÈS-SAINTE TRINITÉ

« Très-sainte Trinité, je vous offre cette journée, avec toutes les œuvres qui doivent la remplir, en opposition à tout le mal, en union à tout le bien qui s'est fait, se fait et se fera dans toute l'étendue des siècles et dans tout l'univers, et avec toutes les circonstances qui ajoutent à ces œuvres le plus d'excellence. J'approuve et ratifie en fait de bien, non-seulement ce qui m'est propre, mais encore toutes les bonnes œuvres de toutes les créatures, des anges, de la très-sainte Vierge, de Notre-Seigneur Jésus-Christ. Mais surtout, Cœur sacré de Jésus, Cœur immaculé de Marie, je me consacre et me dévoue toute à vous, avec ma famille et ma communauté, pour vous aimer, vous glorifier et vous servir ; que ce soit aussi pour vous faire aimer et glorifier. Allumez dans nos cœurs l'amour dont vous brûlez. Faites que nous vous aimions comme vous nous avez aimés, et, qu'à force de vous aimer, nous mourions de votre amour qui doit nous faire vivre éternellement. O Père Éternel, c'est dans ces cœurs sacrés, et par ces cœurs sacrés, que je vous offre toutes les pensées de mon esprit, toutes les affections de mon cœur, toutes les aspirations de mon être spirituel et corporel, tous mes sens extérieurs et intérieurs. Je vous les offre tout couverts du sang de Jésus-Christ, environnés de ses mérites infinis, enrichis de ses grâces. Je vous les offre en esprit de foi, de pur amour, de mortification, d'expiation et d'action de grâces ; pour vous louer, vous glorifier, pour travailler à ma sanctification et à celle de mon prochain, pour satisfaire à tous mes devoirs, pour suppléer à ceux des cœurs qui sont assez malheureux pour ne point vous connaître et vous adorer, pour gagner toutes les indulgences connues et inconnues, pour les âmes du purgatoire ; pour me préparer à la prochaine confession, à la sainte communion et à une bonne mort ; pour obtenir la conversion des pécheurs, la persévérance des justes, pour les agonisants, en un mot, pour entrer dans tous vos desseins adorables. Bénissez-les, Seigneur ; bénissez-moi aussi moi-même, afin qu'elles vous soient agréables et qu'elles me soient profitables. Père Éternel, je vous offre, en esprit de réparation, toutes les messes qui se disent et se diront jusqu'à la fin des siècles ; je vous les offre au nom de toutes les créatures, des anges, de la très-sainte Vierge et de mon Sauveur Jésus-Christ. Cœur sacré de Jésus, Cœur immaculé de Marie, hosties et victimes, je désire m'immoler à vous dans chacune des actions de cette journée, en esprit de réparation, en union de toutes les intentions pour lesquelles mon Sauveur Jésus s'est immolé sur la croix, et pour lesquelles il s'immole et s'immolera jusqu'à la fin des siècles sur l'autel. Je désire renouveler autant de fois les vœux de mon baptême et mes vœux de religion; je vous offre chacune de mes respirations comme une communion spirituelle; chacune de mes aspirations comme un élan de mon cœur, comme un acte d'amour et de réparation; chacune des gouttes de sang qui se formera dans mes veines, pour qu'elles soient toutes employées à votre service et à votre plus grande gloire, avec le désir de les répandre toutes un jour pour la confession de votre saint nom. Je m'unis aux intentions de notre vénérable Mère Fondatrice, de la sainte Eglise, de nos saintes Règles et de l'Apostolat de la Prière. Ainsi soit-il. »

Elle écrivit, après une retraite, les lignes suivantes qu'elle voulut bien nous donner aussi : « Je me figurerai que la retraite dure encore, et, qu'ainsi que je le disais alors, je la fais comme la dernière de ma vie; que, lorsque la cloche m'appelle au chœur, le prédicateur m'y attend; mais, que c'est Jésus qui a remplacé son envoyé, et que c'est lui maintenant qui, du fond du Tabernacle, va me redire tout ce qu'il m'a fait entendre, comprendre, sentir, pendant les saints exercices, et bien plus encore ; mais surtout, qu'il me dit, avec un accent pénétrant et plein de tendresse : « Ma fille, j'ai reçu tes serments ; je les ai scellés de ma chair sacrée et de mon sang tout bouillant d'amour pour toi ; garde-moi ta parole ; sois fidèle, en tous points, sans hésitation, sans répit, jusqu'au dernier soupir, ou tu affligeras profondément mon cœur !!! »

Les pages suivantes, extraites des cahiers de la Révérende Mère de Solages, et transcrites par un de ses confesseurs, nous paraissent dignes d'être citées. Nous ne savons si nous devons les lui attribuer ou si elle s'est contentée de se les appliquer, selon sa coutume ; mais nous affirmons que ces lignes traduisent ses sentiments, et qu'elle pratiquait tout ce qui y est si pieusement exprimé.

Méthode pour bien vivre et pour bien mourir, sur le modèle de Jésus crucifié.

« 1º Comme le Sauveur fut attaché tout nu sur la croix, et qu'il laissa ses vêtements aux soldats qui les partagèrent entre eux, ainsi je dois me dépouiller de toute affection déréglée pour les choses de cette vie, et, au regard de l'usage des biens présents, il faut qu'il soit modéré, de sorte que je me contente du nécessaire, et que je retranche tout ce qui est superflu ou qui ne sert qu'à la vanité et aux délices. Pour ce qui est de la propriété de ces mêmes biens, j'y dois renoncer, non-seulement en partie, mais entièrement, étant religieuse, pour subvenir aux nécessités du prochain, et aussi pour pratiquer mon vœu de pauvreté, ne me réservant rien qui m'empêche de suivre partout mon Jésus, afin que je me dispose à mourir nue comme lui, quittant, de bon cœur, les biens temporels, dans le dessein de mettre toute mon affection aux biens éternels.

« 2° Comme le Sauveur fut attaché à la croix avec trois clous, et qu'il perdit tout son sang par les grandes plaies de ses mains et de ses pieds, ainsi ne suffit-il pas, pour mon salut, que je quitte les biens extérieurs ; il faut, de plus, dit l'Apôtre, que je crucifie ma chair avec ses vices et ses passions, de manière qu'elle n'ait ni pieds ni mains libres pour descendre de la croix, et qu'elle soit, au contraire, entièrement sujette à l'esprit, demeurant toujours attachée comme avec trois clous, qui sont : la crainte de Dieu, la charité et l'obéissance à mes vœux. Dans cet état, elle persévèrera jusqu'à ce qu'elle ait trouvé le moyen de se défaire de ses péchés et de ses imperfections ; car, de même qu'on languit longtemps avant de mourir sur une croix, ainsi ne mortifie-t-on pas tout d'un coup, mais peu à peu, ses appétits ; et l'on a besoin d'une longue patience pour ne pas quitter l'exercice de la mortification qu'on ne soit entièrement mort à soi-même. De plus, comme celui qui est condamné à la croix ne s'y attache pas lui-même, ainsi il est nécessaire que d'autres crucifient notre chair. L'esprit l'afflige par des pénitences rigoureuses, et ne lui accorde rien de ce qu'elle veut! Dieu, de son côté, prend plaisir à mortifier la chair et l'esprit par des peines très-amères. Le démon et le monde conspirent en même temps pour les tourmenter l'un et l'autre; et il faut soutenir cette guerre jusqu'à ce qu'on meure avec Jésus sur la croix.

« 3° Comme Jésus eut un soin très-particulier de satisfaire aux devoirs de la charité envers trois personnes : sa mère, son disciple et le bon larron, ainsi nous devons soigneusement accomplir ce qui est de la justice et de la miséricorde, sans rien omettre de ce que notre état ou notre office demande de nous, principalement à l'égard de trois sortes de personnes dont les premières sont : nos supérieurs, désignés par la Mère de Jésus; les secondes, nos domestiques et ceux avec qui nous vivons, marqués par saint Jean; et les dernières, tous les hommes figurés par le bon larron. Il faut rendre à chacun d'eux ce qui leur est dû, et les aider tous selon qu'on peut. Mais outre cela, Dieu veut que pour exercer une charité parfaite, nous le priions pour la conversion de nos ennemis et des siens, et que nous tâchions de couvrir les fautes de notre prochain à l'exemple de notre Sauveur dont le premier soin fut d'excuser ses persécuteurs.

« 4° Comme Jésus, durant les ténèbres de

l'éclipse, passa trois heures en oraison et sembla vouloir se préparer à la mort, ainsi, après avoir pleinement satisfait à nos obligations les plus essentielles, nous devons avoir un temps de repos pour vaquer à l'oraison, pour traiter en particulier avec Dieu de l'affaire de notre salut, et pour obtenir de lui une sainte mort. Surtout, il est important d'exciter en nous une soif pareille à celle de Notre-Seigneur, c'est-à-dire, un désir ardent d'obéir à Dieu et à ses ministres, de souffrir beaucoup pour sa gloire, de lui gagner un grand nombre d'âmes. Plus notre dernière heure s'approchera, plus notre oraison doit être fervente, parce que plus on est proche de la mort, plus il faut apporter de soin à s'y préparer.

« 5º Une excellente disposition à la mort est de vivre si saintement qu'à la fin de chaque action on puisse dire comme le Sauveur : « Tout est accompli ! » Nous essayerons pareillement d'employer si bien toute la journée, qu'au soir, nous ayons sujet de dire la même chose, et d'être content de nous. Enfin par une vie sainte et réglée, nous nous préparerons à la mort ; nous recevrons en temps opportun le saint Viatique, après avoir fait une bonne confession ; nous mettrons ordre à nos affaires, afin que nous puissions dire encore : « Tout est accompli... nous avons exécuté tout ce que Dieu désirait de nous ! »

« 6º Il est bon, et durant la vie et à l'heure de la mort, de recommander souvent son âme à Dieu, de la lui remettre entre les mains, afin qu'il la garde, la défende, la gouverne, la conduise dans le ciel. Mais, comme Jésus voulut mourir à trente-trois ans, qui est un âge où l'on ne se résout que difficilement à la mort, songeons aussi qu'il nous importe beaucoup d'offrir notre vie à celui qui nous l'a donnée, afin qu'il nous l'ôte quand il le jugera à propos, dans la fleur même de notre âge, et dans le meilleur état de nos affaires, puisqu'il y a lieu d'espérer qu'il nous appellera à lui, dans l'âge, dans le temps et dans le lieu le plus convenables... »

Ces divers passages, extraits des cahiers de notre bien-aimée Mère, suffiront pour prouver encore ce que nous avons dit au sujet des généreux sentiments de cette âme si remplie de Dieu, si désireuse de procurer sa gloire et de lui prouver son amour! Il ne nous reste plus, pour terminer cette courte notice, que de donner un aperçu de ce qu'elle fit pour notre maison et pour tant d'affligés et de malheureux qui recoururent à son immense charité, et de faire ensuite rapidement le récit de la dernière maladie, et de la précieuse mort de notre Mère bien-aimée!

La Révérende Mère DE SOLAGES, *bienfaitrice de notre Communauté.*

Maintenant que notre bien-aimée Mère est au ciel, et que sa profonde humilité ne peut plus nous contraindre à garder le silence qu'elle nous imposa, nous laisserons parler nos cœurs, pleins de gratitude, et nous apprendrons à nos communautés, qui l'ignorent encore, ce qu'elle a fait pour nous et pour notre maison dont elle est véritablement la fondatrice. Oui, nous dirons, en bénissant Dieu qui la fit si sainte et si bonne, ce qu'elle a fait pour celles d'entre nous qui la connurent et qui gardent son souvenir précieux! Nous dirons encore ce qu'elle fit pour assurer l'avenir de notre communauté et, par suite, pour celles qui n'eurent pas le bonheur de l'avoir pour mère, mais qui apprennent, comme toutes celles qui nous succèderont, de la bouche de leurs sœurs plus anciennes, et ses bienfaits, dont elles jouiront comme leurs devancières, et ses héroïques vertus!...

Lorsqu'en 1840, notre Réverende et bien-aimée Mère de Solages fut élue supérieure, il n'existait de notre Monastère que le vaste corps de logis donnant sur l'enclos et occupé maintenant par la communauté. Il était suffisant alors pour loger les religieuses et les élèves qui étaient en très-petit nombre. Les classes gratuites occupèrent, pendant longtemps, une petite maison dépendante de l'enclos avec lequel elle avait été achetée.

La chapelle était construite, mais les murs n'en étaient que blanchis; le maître-autel était de bois, et il n'y avait point de chaire. La R. M. de Rogéry, qui avait fait l'acquisition de l'enclos et du terrain nécessaire pour les constructions, avait compté sur les revenus de la Mère de Solages pour payer en grande partie les frais de ces constructions. Elle ne fut point trompée dans ses espérances; et la mère de Solages, qui devait faire bien plus encore pour notre maison qu'on n'aurait osé l'espérer, acquitta, en entrant en charge, 36,000 francs de dettes contractées pour l'édification de ces bâtiments.

C'est aussi par ses soins que la maison, qui n'avait guère d'achevé que ses murs, fut abondamment pourvue de meubles et d'ustensiles de tout genre. C'est encore pendant la supériorité de notre Mère de Solages, que notre gracieuse chapelle devint, par des embellissements successifs un petit chef-d'œuvre d'élégance et de bon goût. Elle y fit placer d'abord un magnifique maître-autel de marbre et une chaire. Plus tard, elle chargea des artistes habiles de la peindre, ainsi que le chœur. — Chaque chapelle eut bientôt ses ornements particuliers et son autel de marbre. Elle fit placer, au-dessus du sanctuaire, un groupe qui fait l'admiration des artistes, et qui représente la très-sainte Vierge montant au ciel escortée par des Anges.

Les sacristies furent pourvues, en abondance, de vases sacrés, de parures d'autels et de riches ornements. Notre vénérée Mère de Solages, qui chérissait tant la pauvreté pour elle-même et qui voulait que ses filles la gardassent étroitement, désirait que tout ce qui concernait le service du culte et l'ornement des autels fût riche et beau. Elle présidait elle-même à la décoration de la chapelle aux jours des grandes solennités. On se souvient qu'à la première fête de l'Adoration perpétuelle, l'autel, qui était décoré par les inspirations de son goût exquis, semblait tout incrusté de pierres précieuses de toutes les couleurs formant des guirlandes et des arabesques étincelantes sous les faisceaux de lumière, des étoiles rayonnantes, des soleils éblouissants produits par un appareil où le gaz présentait toutes ces formes ; ce qui fit dire à Mgr de Jerphanion : « Cet autel est un vrai diamant. »

Notre mère de Solages avait d'abord fait l'acquisition d'un très-bel harmonium qu'elle remplaça, en 1855, par un orgue du célèbre Cavalier-Coll. L'heureuse et habile combinaison de ses jeux produit une harmonie douce et suave et, en même temps, les effets les plus grandioses. Le buffet de cet instrument est riche et gracieux. Il est peint en blanc et liseré d'or.

Grâce à notre vénérée et sainte Mère, l'enclos fut dessiné dans le goût anglais et devint un magnifique parc planté d'arbres de toute espèce, avec un bassin entouré de rosiers. Devant le bassin, se trouve une belle statue de la Vierge-Mère. Elle y a été placée depuis la mort de la Mère de Solages.

Au fond de l'enclos, se trouvait un petit bois appartenant au grand séminaire dont nous ne sommes séparées que par une impasse et les hautes murailles de clôture. Ce petit bois, qui descend jusqu'à un ruisseau se jetant dans le Tarn, à quelques pas du mur qui le clôt, fut acheté par notre insigne bienfaitrice. Elle en fit soutenir le terrain en pente par de nombreuses arcades et des terrasses. Elle y fit tracer des sentiers dont les sinuosités font un parcours de près d'un kilomètre. Ces allées, ombragées, durant la belle saison, par des arbres de toute espèce, sont un agréable lieu de promenade pour la communauté et nos nombreuses élèves qui, sans sortir de la clôture, peuvent y respirer l'air pur et vivifiant de la campagne.

Nous devons à la Mère de Solages notre magnifique pensionnat avec sa belle cour plantée d'arbres et sa montagne artificielle. Il n'est séparé de l'enclos que par un portail et une grille de fer. On admire ses vastes salles lambrissées et, surtout, ses beaux et grands dortoirs dont l'élégante simplicité contraste si bien avec la pauvreté des cellules et et des dortoirs des religieuses. Ce pensionnat se rattache au corps de logis habité par la communauté, et en forme l'aile droite qui se termine par un pavillon arrondi faisant face au chœur des religieuses. Notre Mère de Solages fit aussi construite un second pensionnat, des classes gratuites et la spacieuse et commode maison de l'aumônier, attenante au monastère, ainsi que son charmant jardin.

Notre Mère de Solages fit construire, en 1856, à l'extrémité de notre petit bois, notre belle chapelle sépulcrale, d'un style simple et sévère, avec un bel autel de marbre noir décoré de sculptures de marbre blanc. Là, nous conservons les ossements de nos défuntes vénérées qui ont été exhumés de l'ancien cimetière situé aussi dans la clôture. Là, sont encore toutes nos sœurs chéries décédées dans notre monastère depuis l'érection de la chapelle, et les restes précieux de notre bien-aimée fondatrice. Notre amour et notre reconnaissance lui ont élevé, à la droite de l'autel, un monument qui rappelle et ses bienfaits et nos éternels regrets !...

Le magnifique parloir et les infirmeries des élèves sont dus à la munificence de la Mère de Solages. Ils occupent l'aile gauche à laquelle se rattachent le chœur des religieuses et la chapelle.

Notre premier et principal corps de logis a, comme nous l'avons dit plus haut, une de ses façades sur le parc; au rez-de-chaussée se trouve une galerie couverte ou cloître qui met en communication le premier corps de logis avec les deux ailes de droite et de gauche. La façade donnant sur la rue en était séparée par une longue rangée de petites maisons irrégulières avec leurs cours et leurs petits jardins. Elles furent toutes achetées par la Mère de Solages, et nous avons fait élever sur cet emplacement un vaste bâtiment qui forme, avec les trois autres auxquels il se rattache, un quadrilatère dont le centre est occupé par une grande cour. Dans ce dernier bâtiment sont logées maintenant les élèves du second pensionnat, au nombre de près de deux cents, les enfants de l'ouvroir et de l'orphelinat, et enfin les classes gratuites, ce qui forme un total de cinq cent cinquante élèves au moins. Quoique ces différents corps de logis aient été bâtis après la mort de notre sainte Mère de Solages, nous devons dire à nos communautés qu'ils lui sont dus encore, puisque ces constructions ne se sont élevées que grâce aux legs généreux qu'elle nous fit. A ce titre, nous lui devons encore la buanderie et ses dépendances; la boulangerie, qui s'élève dans la partie du parc la plus voisine du grand séminaire et masquant le seul côté par lequel il pouvait avoir quelque vue dans nos jardins.

Combien de pages aurions-nous à écrire si nous voulions énumérer ce que notre regrettée Mère a fait pour notre maison et pour ses filles! Nous ne pourrons jamais tout dire, et nous nous contenterons d'ajouter qu'en mourant elle assura à la communauté des revenus suffisants pour la maintenir au rang où ses bienfaits l'avaient placée.

Nous n'avons parlé que des bienfaits que la Mère de Solages ne pouvait dérober aux regards. Combien d'autres, qui n'ont eu que Dieu seul pour témoin, ne seront révélés qu'au jour des grandes manifestations des œuvres des saints!!!...

Fidèle au conseil de l'Évangile, qu'elle redisait bien souvent aux autres, elle voulait que sa main gauche ignorât ce que faisait sa main droite; mais la voix de la reconnaissance nous a fait quelques-unes des précieuses révélations que nous refusait son humilité. Par elle, nous savons qu'une multitude de familles lui durent, soit le paiement d'une dette ou de leur loyer, soit encore leur pain de chaque jour. Que d'infortunés reçurent de la main bienfaisante de notre Mère chérie des secours inattendus qui les sauvèrent du désespoir! Que de pauvres honteux auxquels elle prodigua, sans les faire rougir, des dons généreux qui soulageaient leur détresse! Dans un revers soudain, dans un bouleversement de fortune, dans un malheur public, on recourait à elle avec confiance : sa main était toujours ouverte comme son cœur, et elle préféra bien souvent s'exposer à répandre des dons sur ceux qui n'étaient pas dans le besoin, plutôt que de laisser un seul indigent sans secours.

O Seigneur, qui promettez de si glorieuses récompenses à celui qui donne un verre d'eau en votre nom, qu'avez-vous donné à celle dont la vie tout entière s'écoula en faisant le bien, qui versa des trésors dans le sein des pauvres, et qui marqua par des bienfaits chacun des instants de sa précieuse existence?... Et il nous semble entendre Jésus nous répondre : « Je suis le Dieu rémunérateur qui ne se laisse point vaincre en générosité, et, en me faisant la magnifique récompense de votre Mère tant aimée, mon cœur lui fait goûter les délices inénarrables dont j'enivre dans les cieux mes plus chers élus! »

Dernière maladie et mort de la Révérende Mère de Solages.

Jusqu'à ses dernières années, la vénérée Mère de Solages s'était appliquée à suivre, en toutes choses, la vie commune. Jusqu'alors, on l'avait toujours vue la première à tous les exercices de la communauté ; se lever constamment à quatre heures et observer, sans aucun adoucissement, les divers points de nos saintes Règles et de nos usages. Mais les maux, dont elle avait souffert toute sa vie, s'étant aggravés, elle dut accepter des soulagements que son état de souffrance rendait nécessaires et auxquels elle ne se soumit, néanmoins, que pour obéir à ses supérieurs qui lui en firent un devoir.

Ce ne fut cependant que vers le mois de février 1863, qu'après un rhume opiniâtre, une affection au cœur, qui s'était déclarée chez elle dès sa plus tendre enfance, fit des progrès alarmants et dégénéra en une sorte de phthisie. Que de supplications et de prières n'adressâmes-nous pas à Dieu pour le rétablissement d'une santé si précieuse, à laquelle s'intéressaient, non-seulement celles qui l'aimèrent comme on aime la plus tendre et la meilleure des mères, mais encore toutes les âmes dévouées à la gloire de Dieu, à laquelle elle contribua de tout son pouvoir, et tant d'affligés et de malheureux dont elle fut, en secret, l'ange consolateur, et dont ses immenses bienfaits tarirent si souvent les larmes !...

Notre saint et illustre prélat, Mgr de Jerphanion, qui la vénérait comme on vénère une sainte, la visita pendant sa maladie et lui donna constamment, en toutes circonstances, des preuves du paternel intérêt qu'il lui portait. Tandis que nous mettions en usage tout ce que suggérait à notre cœur la plus filiale affection : *neuvaines, veilles, pénitences, promesses* de toutes sortes aux sanctuaires vénérés, le savant et dévoué docteur, attaché à notre maison, épuisait sur elle toutes les ressources de l'art médical. Mais le Ciel n'était point touché de nos prières, de notre douleur et de nos larmes : les remèdes étaient sans efficacité, et nous eûmes bientôt la triste certitude de perdre celle qui, à tant de titres, possédait nos cœurs qui lui avaient voué tous leurs plus tendres sentiments d'affection et de reconnaissance !

Il tardait à Dieu de couronner cette vie de dévoûment, de sainteté, de généreux sacrifices ; la terre et le Ciel semblaient se la disputer : le Ciel eut la victoire ; notre Mère allait nous quitter pour toujours !... Quels jours pénibles que ceux où ses filles ne revoyaient plus, au milieu d'elles, cette Mère chérie qui était l'âme de notre maison ! Nous n'allions que rarement la voir dans sa chambre, car nous craignions d'aggraver son mal en la fatiguant. Et cependant son abord était devenu plus facile que jamais. Elle nous accueillait avec le plus maternel sourire, s'informait de tout ce qui nous intéressait avec la plus grande bienveillance. Elle sentait, cette Mère bien-aimée, qu'elle allait se séparer de nous, et elle laissait déborder de son cœur les sentiments qui le remplissaient. Elle s'affligeait de notre tristesse, que nous cherchions en vain à dissimuler, bien plus que de son état de souffrance; et, quand nous semblions craindre de la fatiguer en venant la voir, son sourire nous disait encore, comme elle le répétait avant sa maladie : « Des filles dérangent-elles jamais une mère ? »

Elle dissimulait ses souffrances pour ne point nous affliger. La plus douce paix rayonnait sur son visage pâle et amaigri, et son maintien avait toujours la même noblesse et la même angélique modestie. Elle s'appuyait à peine sur le vieux et pauvre fauteuil qu'elle n'avait accepté que quelques semaines avant sa mort. Nos élèves, qui aimaient et vénéraient notre bien-aimée Mère, voulurent lui procurer un siége plus commode; elle firent faire une espèce de lit de repos, recouvert d'une étoffe sombre et fort modeste. Mais on avait compté sans l'esprit de pauvreté de la Mère de Solages, et, à peine ce meuble fut-il porté dans sa chambre, qu'entrant dans une sainte indignation, elle ordonna qu'on l'emportât immédiatement, et l'on fut obligé d'obéir sans réplique. Le confesseur, qui la dirigeait depuis plus de vingt-cinq ans, étant entré chez elle pendant qu'elle tenait son pauvre chapelet : « Ma mère, lui dit-il, j'espère que vous voudrez bien me laisser votre chapelet comme souvenir? » — Notre Mère de Solages, craignant sans doute de manquer à la sainte pauvreté en disposant de cet objet, baissa les yeux sans répondre, et M. l'Aumônier s'en retourna profondément édifié.

Notre bien-aimée Mère avait demandé depuis quelque temps au docteur qui lui donnait ses soins, et à notre Mère Seconde si, lorsque son état serait désespéré, elle devrait encore prendre des remèdes et chercher à soutenir ses forces et à prolonger sa vie de quelques jours. « Oui, ma Mère, répondirent-ils unanimement, car nous souhaitons de vous conserver autant qu'il nous sera possible ! » Et, toujours obéissante en toutes choses, elle continua, quoiqu'elle fût assurée de ne pas guérir, à accepter les soins et les remèdes qu'on lui donnait et qu'elle croyait inutiles.

Comme pendant tout le cours de sa vie, notre sainte Mère était tout occupée de Dieu ; elle était pénétrée de sa présence et comme déifiée elle-même ; et, quand on l'approchait, la douce majesté répandue sur toute sa personne faisait éprouver la respectueuse émotion qu'on ressent à l'aspect des saints. Mais, bien qu'elle priât continuellement dans l'intimité de son cœur, elle se plaignait de ne pouvoir articuler les formules de ses prières ordinaires : « Je ne puis plus prier, disait-elle tristement ; mais je m'applique à faire *trépasser* ma volonté dans celle de Dieu et à ne vouloir que son bon plaisir ! » Elle avait la conviction intime de sa fin prochaine, mais elle n'en parlait jamais, même à celles qui possédaient toute sa confiance, dans la crainte de nous affliger. Quatre jours avant sa mort, notre vénérée Mère demanda et reçut les derniers sacrements. Pour la dernière fois, à cette triste mais bien touchante cérémonie, nous nous vîmes réunies autour de celle que nous aimions tant! La plus vive émotion remplissait nos cœurs; nous retenions nos larmes et nous comprimions les sanglots qui nous oppressaient; mais, lorsque nous entendîmes sa voix mourante et chérie s'écrier tout à coup : « Je demande pardon, à toutes et à chacune, de tout le mal que j'ai fait à la communauté et de la mauvaise édification que j'ai donnée! » nous donnâmes un libre cours à notre douleur!!!

Le soir de ce jour, elle dit à la Mère Seconde qui ne la quittait pas un instant : « Ces pauvres enfants, elles sont bien affligées!... »

La jeune comtesse de Solages, sa nièce, ayant désiré quelques mots de sa sainte et bien-aimée tante : « Dites à ma nièce, répondit-elle, qu'on est bien heureux quand on ne pense qu'à Dieu seul! »

Cependant, notre bien-aimée Mère s'affaiblissait de plus en plus; le matin du 4 décembre, elle eut une syncope prolongée; on envoya chercher M. l'Aumônier. Notre bonne Mère, étant revenue à elle, lui dit que rien ne troublait son âme. Elle était parfaitement calme et paisible, elle qui, si souvent, avait tremblé à la pensée de la mort ; elle qui avait tant redouté, par avance, les assauts que l'ennemi du salut livre alors à tant d'âmes ; elle enfin qui, toute sa vie, avait été soumise aux tourments d'une conscience délicate à l'excès. Dieu seul occupait son cœur qui semblait déjà goûter, au milieu même des angoisses des derniers instants, un avant-goût du bonheur céleste.

M. l'Aumônier vint la voir encore vers six heures du soir ; la trouvant plus faible, il lui fit les prières si belles de la recommandation de l'âme et la laissa avec le parfait usage de toutes ses facultés qu'elle conserva jusqu'à la dernière minute de son existence.

Une heure plus tard, la Mère Seconde lui dit : « Ma bonne Mère, M. l'Aumônier doit revenir vous voir à dix heures. » La sainte mourante lui répondit : « N'arrivera-t-il pas trop tard ? » Mais elle ne témoigna pas le désir de le voir plus tôt. Quelques instants après, la Mère Seconde, la voyant s'affaiblir de plus en plus, lui demanda si elle ne voulait pas prendre quelque chose ? — « Un peu de lait, » répondit-elle. Elle en prit quelques gouttes qu'elle put à peine avaler ; mais, se souvenant sans doute de la volonté qu'on lui avait manifestée, elle dit d'une voix mourante à la Mère Seconde : « Est-ce assez ? » Ce furent ses dernières paroles. Quelques minutes après la réponse affirmative, elle exhalait, sans agonie, son dernier soupir. Notre sainte et bien-aimée Mère, toujours obéissante à l'exemple du divin Maître, finit sa vie par un acte d'obéissance !...

C'était le 4 décembre 1863, à huit heures du soir. Elle était dans la cinquante-huitième année de son âge, la trente et unième depuis son entrée en religion et la vingt-troisième depuis qu'elle fut élue supérieure.

Nos cœurs se plaisent à croire que, tandis qu'une main qui lui était chère fermait ici-bas ses yeux, son âme, parée de toutes les vertus, enrichie des mérites de tant de sacrifices, entrait rayonnante de gloire dans les Tabernacles éternels, où l'Époux, qu'elle avait choisi préférablement à tout autre, la faisait asseoir sur un trône glorieux et lui donnait pour jamais, avec la couronne de la virginité, qu'elle lui avait vouée dès son adolescence, la couronne nuptiale de l'hymen éternel! Pour nous épargner une nuit d'angoisses, la Mère Seconde, dans sa sollicitude toute maternelle, ne voulut nous apprendre que le lendemain la perte irréparable et cruelle que nous venions de faire! Ce fut à quatre heures et demie, au moment où nous fûmes toutes réunies pour la méditation, qu'elle nous dit au milieu de ses larmes : « Notre bonne Mère est au ciel ! » Nous ne dirons pas nos regrets et notre douleur!!...

Le surlendemain, Mgr l'archevêque d'Albi, voulant rendre un dernier hommage à la vertu de notre bien-aimée Mère, proclamée au milieu des regrets universels, fit l'absoute à la messe des funérailles où assistait un nombreux clergé.

Puis, nous accompagnâmes, à notre chapelle sépulcrale, qu'elle avait fait construire, les restes vénérés de notre Mère tant chérie !

Là, celle qui, par humilité, refusa de poser la première pierre du pensionnat qu'elle avait fait bâtir et d'y graver son nom, là, notre Mère bien-aimée aura, tant qu'il restera dans notre cité une Fille de Notre-Dame, la place distinguée que méritait une fondatrice !

Et maintenant, Seigneur, écoutez notre humble prière : Faites que nous imitions ici-bas les vertus de notre Mère chérie, afin qu'après les tristes jours de la réparation, nous puissions, en chantant vos louanges pendant les siècles éternels, la voir, la bénir et l'aimer encore dans les cieux !!...

RELIGIEUSES

DÉCÉDÉES DANS CETTE COMMUNAUTÉ

DEPUIS SA FONDATION

27 DÉCEMBRE 1827, JUSQU'EN 1878

Sœur Marie BUGAREL, compagne

> Bienheureux les pauvres d'esprit, parce que le royaume des cieux leur appartient.
> (S. Mathieu, c. v.)

Deux ans s'étaient à peine écoulés depuis la fondation de notre monastère d'Albi, lorsque Dieu appela à lui notre chère Sœur compagne Marie Bugarel. Elle était née à Albi, en 1805. Sa famille, auprès de laquelle elle passa ses premières années, était honnête, mais pauvre. Obligée de se suffire à elle-même, elle fut placée dans une famille distinguée; et, dans l'humble condition de servante, elle fut toujours solidement pieuse et se fit remarquer par son amour du travail et une grande fidélité à ses maîtres.

La R. M. Duterrail l'admit au postulat, et elle prit l'habit à Toulouse, le 16 avril 1827. Désignée pour accompagner nos Mères à la fondation d'Albi, elle y fit profession, le 1er mai 1829.

Elle se rendit fort utile à la communauté naissante, dans l'office de cuisinière, où elle montra un grand esprit d'ordre et une extrême propreté.

Elle édifia constamment ses Sœurs par son angélique modestie, son recueillement parfait au chœur où on ne la vit jamais s'asseoir, et enfin par son humilité et son grand amour de la pauvreté. Elle n'avait que vingt-quatre ans, et huit mois de profession lorsqu'une maladie de poitrine l'enleva à l'affection de la communauté, le 28 décembre 1829.

Sœur Olympe ROUANET

> Celui qui aime la pureté du cœur aura le roi pour ami.
> (Prov. ch. xxii, v. 11.)

Notre chère Sœur Olympe Rouanet était née en 1809, à Saint-Sernin (Aveyron). M. Charles Rouanet, son père, était docteur en médecine, et Mme Marie-Victoire Constant-Saint-Estève, sa mère, comptait de hauts fonctionnaires dans sa famille. M. et Mme Rouanet surent inspirer, à leurs nombreux enfants, les sentiments profondément chrétiens qui les animaient; aussi, quatre de leurs filles embrassèrent-elles la vie religieuse. Une d'entre elles entra dans la congrégation des Filles de la Charité de Saint-Vincent-de-Paul, et les trois autres, dont notre Sœur Olympe Rouanet était l'aînée, furent religieuses de Notre-Dame.

Notre chère Sœur entendit, toute jeune encore, l'appel du bon Maître ; fidèle à y répondre, elle se présenta à la R. M. Duterrail qui l'admit à la vêture, le 22 août 1825. La santé de notre chère Sœur ayant donné des craintes sérieuses pendant sa première année de noviciat, elle fut obligée de rentrer dans sa famille ; mais, son état s'étant amélioré, elle revêtit de nouveau, avec bonheur, le saint habit qu'elle avait quitté en versant des larmes. Elle fit profession à Albi, le 26 mai 1828.

Notre chère Sœur Olympe Rouanet, fut un modèle de régularité et d'amour du silence. Elle s'acquitta avec un zèle ardent des emplois qui lui furent confiés, et les élèves avaient pour elle une grande vénération. Aux épreuves causées par une santé presque constamment mauvaise, se joignaient les souffrances bien plus cruelles d'une conscience scrupuleuse à l'excès. Elle porta avec patience ces croix si pénibles ; et, avant d'expirer, elle recommanda à ses Sœurs d'être toujours obéissantes à leurs guides spirituels et de ne jamais se priver des sacrements pour des craintes exagérées. Après une courte agonie, elle s'endormit dans le Seigneur, le 27 juillet 1833. Elle était âgée de vingt-quatre ans; elle avait passé sept ans dans la vie religieuse.

Sœur Caroline ROUANET

> Le royaume des cieux souffre violence ; il n'y a que les violents qui l'emportent.
> (S. Mathieu, ch. xi, v. 12.)

Mademoiselle Marie-Caroline Rouanet, sœur de la précédente, prit l'habit le 19 mai 1834, et fit profession le 23 mai 1836. Elle s'était fait remarquer, dès son enfance, par une intelligence précoce et une extrême vivacité de caractère qui donna, plus tard, un grand exercice à sa vertu. Elle fut placée de bonne heure, comme pensionnaire, chez les Dames Bénédictines, d'Orient, petit village, près de Saint-Sernin (Aveyron), où demeurait sa famille. Elle fit sa première communion à l'âge de onze ans, et ce fut en ce jour mémorable qu'une religieuse, sa maîtresse, lui dit : « Mon enfant, employez bien les douze années qui vous restent. » Ces paroles impressionnèrent d'autant plus la jeune Caroline, qu'elle avait plus d'estime pour sa maîtresse, que ses vertus faisaient honorer comme une sainte.

Douze ans après, en effet, le 16 juin 1839, notre chère Sœur, atteinte depuis longtemps déjà d'une maladie de langueur, expirait à l'âge de vingt-trois ans, vivement regrettée par la communauté qui avait fondé sur elle de grandes espérances.

La conscience de notre chère Sœur était très-délicate ; et, lorsque, par suite de son extrême vivacité, elle croyait avoir contristé quelqu'une de ses Sœurs, elle avouait humblement sa faute et implorait, à genoux et en versant des larmes, le pardon de celle qu'elle croyait avoir offensée. Pendant sa longue maladie, elle veilla avec tant de soin à modérer la vivacité trop grande de son caractère, qu'elle édifia constamment ses Sœurs par sa patience inaltérable et sa parfaite égalité d'humeur.

Notre chère Sœur avait un grand amour pour la sainte Eucharistie. Elle eut le bonheur de se nourrir fréquemment de ce pain céleste pendant ses jours de souffrances. Quelques heures avant sa mort, elle exprimait la crainte de mourir avant minuit, heure à laquelle on devait lui apporter son Dieu pour la dernière fois. Lorsqu'elle vit entrer dans sa cellule le prêtre, portant entre ses mains l'objet de tous ses désirs, son visage s'illumina soudain d'une joie céleste... Elle le reçut dans les transports de l'amour et de la reconnaissance, et, tandis que le Cœur de Jésus battait encore sur son cœur, elle expirait doucement, en chantant l'hymne de l'action de grâces. Elle avait passé cinq ans dans la vie religieuse.

Sœur Joséphine ROUANET

> Bienheureux les miséricordieux, parce qu'ils obtiendront miséricorde. (S. Mathieu, ch. v.)

Au commencement de l'année 1828, Mlle Joséphine Rouanet venait rejoindre sa sœur aînée dans notre monastère d'Albi.

Elle y prit le voile le 25 mai 1828, à l'âge de seize ans. Un grand amour de la vie cachée qui la faisait passer presque inaperçue dans la communauté, une humilité profonde et une admirable simplicité la caractérisaient. Elle s'appliqua, avec un grand zèle, à l'instruction des plus jeunes enfants des classes pauvres, auprès desquelles elle fut toujours employée, et succomba, comme ses sœurs, des suites d'une phthisie pulmonaire.

Elle alla recevoir, le 25 juillet 1841, la récompense de ses douces vertus. Elle était dans la vingt-neuvième année de son âge, et la treizième depuis son entrée en religion.

Notre chère Mère Emilie BOYER

> Je meurs tous les jours!
> (S. Paul, 1re ép. aux Corinthiens, ch. xv.)

Née à Albi, en 1804, d'une très-honorable famille, notre chère Mère Emilie Boyer perdit de bonne heure sa bonne mère et vit son père contracter de secondes noces. M. Boyer conserva néanmoins toute son affection à ses deux enfants, portraits vivants l'un de l'autre, au physique et au moral, et qui s'aimaient autant qu'ils se ressemblaient. Mlle Émilie fut placée dans un pensionnat séculier d'Albi. Douée du plus heureux naturel, elle était pleine de bonté et de douceur, et montrait de grandes dispositions pour la piété; mais, en grandissant, elle contracta peu à peu l'esprit du monde et ses joies et ses fêtes cessèrent de lui être indifférentes. Dieu veillait sur cette âme qu'il avait ornée de dons précieux, et, dans une mission donnée à Albi, en 1825, il lui fit entendre sa voix; pénétrée de regret, elle pleura ces quelques jours donnés au monde, rompit généreusement avec lui, quitta toute vaine parure, adopta un costume sombre et modeste, et, sous la conduite d'un saint et savant directeur, s'adonna à tous les exercices de la vie parfaite. Elle eut à soutenir les assauts de sa famille qui trouvait de l'excès dans sa dévotion ; mais elle fut inébranlable dans ses pieux desseins. Lorsqu'elle apprit à son père qu'elle se sentait appelée à la vie religieuse, elle éprouva la plus vive résistance de sa part et de celle de sa famille entière, qui la chérissait tendrement, et qui s'efforça, mais en vain, de lui faire abandonner ses projets. Mlle Émilie, mettant en Dieu seul toute sa confiance, le priait avec ferveur et renouvelait souvent ses demandes. Elle arracha enfin à M. Boyer un semblant de consentement et partit aussitôt pour aller se mettre sous la protection de la sainte Vierge, à Notre-Dame-de-la-Drèche (pèlerinage célèbre près d'Albi). Puis, sans rentrer chez elle, elle vint frapper à la porte de notre monastère où elle fut reçue avec joie.

Mais M. Boyer revint bientôt sur une parole, que des instances qui le fatiguaient lui avaient fait donner sans réflexion.

Toute la famille de notre chère Sœur accourut dans notre parloir et, là, tout ce que peut suggérer la plus vive affection fut mis en usage pour ébranler sa constance : prières, menaces, larmes, tout fut inutile. Fortifiée par le ciel, la nouvelle postulante triompha de ces assauts, plusieurs fois renouvelés, et, quelques mois après, le 31 octobre 1829, elle recevait le voile des mains de Mgr Charles Brault, archevêque d'Albi, notre insigne bienfaiteur, et de la Révérende Mère Martine de Rogéry, alors supérieure de notre communauté.

Notre chère Mère Emilie Boyer se montra, dès lors, si fidèle observatrice des règles et si parfaite dans la pratique des vertus religieuses, que la Mère de Rogéry la chargea, immédiatement après sa prise d'habit, de l'aider à initier les autres novices aux saints usages de la vie religieuse.

Lorsque ses deux années de probation furent terminées, la famille de notre chère Mère s'opposa formellement à ce qu'elle fît sa profession religieuse. Cette nouvelle croix fut si pénible pour son cœur, que sa santé en fût altérée sensiblement. Mais sa patience fut héroïque, et, dans les jours de sa maladie, elle donna à toute la communauté l'exemple de sa grande mortification et de son amour pour la sainte obéissance, vertus qui brillèrent en elle toute sa vie. Enfin, après trois ans de noviciat, elle fut admise à prononcer ses vœux, le 27 décembre 1832.

Nommée Mère, quelque temps après sa profession, elle exerça successivement les emplois de portière, de sacristine, de dépensière, de préfète des classes gratuites, de maîtresse au pensionnat et de Mère Seconde; et, dans toutes ces diverses charges, elle fut un exemple vivant de toutes les vertus religieuses, et surtout d'humilité, d'obéissance, de mortification et de régularité. On ne la vit jamais transgresser la moindre règle. Constamment unie à Dieu, elle supporta courageusement les épreuves intérieures par lesquelles il plut au souverain Maître de faire passer cette âme d'élite.

La Révérende Mère de Solages, qui avait succédé, en 1840, à la Mère de Rogéry, ne pouvait se lasser d'admirer cette chère Mère lui ouvrant son cœur avec la naïveté d'une petite enfant, s'accusant à ses pieds de ses moindres imperfections, et écoutant ses avis comme si elle les avait reçus de Dieu lui-même. Pour donner une plus haute idée de la vertu de notre chère Mère, laissons parler notre bien-aimée Mère de Solages. Elle s'exprimait ainsi dans la lettre qu'elle écrivait à la R. M. Supérieure de Bordeaux, en lui communiquant la mort de la Mère Emilie Boyer.

« Cette excellente Mère, dit-elle, m'avait devan-
« cée dans la vie religieuse ; elle fut ma maîtresse
« des novices ; plus tard, je devins sa supérieure.
« Ah ! combien de fois ce renversement de posi-
« tion m'a donné lieu d'admirer en elle la force de
« la grâce dans l'âme qui vit de la foi et qui est
« animée du véritable esprit religieux. Combien
« il m'était pénible, à moi, qui étais pleine de vé-
« nération pour elle, de la voir à genoux à mes
« pieds, comme l'enfant la plus soumise. Les té-
« moignages de sa dépendance à mon égard me cou-
« vraient de confusion. Son âme était d'une droi-
« ture, d'une simplicité et d'une franchise si
« admirables qu'elle s'était fait une obligation
« stricte de me découvrir tous les replis les plus
« cachés de son cœur. C'est dans ces confidences
« secrètes que j'ai pu admirer la vigilance rigou-
« reuse qu'elle exerçait sur elle-même. Pas un

« seul mouvement de la nature ne demeurait ina-
« perçu : elle ne se pardonnait rien. Aussi, dans
« ses derniers moments, a-t-elle joui de cette paix
« profonde que procure la pureté du cœur. Pleine
« de résignation et du désir de se purifier de plus
« en plus, dans le fort de ses souffrances elle de-
« mandait à Dieu d'augmenter encore les douleurs
« inouïes qui la crucifiaient.

« Après une longue et pénible agonie, elle rendit
« à Dieu sa belle âme, nous laissant dans une dou-
« leur profonde qui ne peut être adoucie que par
« la soumission à la divine Providence, et par
« l'espérance que celle que nous regretterons tou-
« jours ne nous a quittées que pour aller jouir aus-
« sitôt de la béatitude éternelle. Plus heureuse que
« nous, elle était parvenue au degré de perfection
« que le Seigneur exigeait d'elle pour l'admettre
« en sa divine présence. »

Nous n'ajouterons rien à ces lignes qui prouvent à la fois l'humilité et la vertu de nos deux Mères tant regrettées. C'est le 6 novembre 1841, à l'âge de trente-huit ans, après dix années de religion, qu'expira notre chère Mère E. Boyer, pour aller recevoir des mains de son Epoux céleste la couronne promise aux âmes généreuses et fidèles !

Sœur Jeanne PIRONNET

> Ma fille, je suis le Seigneur qui
> fortifie au jour de l'affliction.
> (Nah. i-vi.)

Notre chère Sœur Jeanne Pironnet naquit à Carcassonne, le 23 décembre 1815. M. Antoine Pironnet, son père, qui était fournisseur de draps pour la troupe, fut victime de la mauvaise foi d'un de ses associés, et, par suite d'un de ces revers si fréquents dans le commerce, il tomba d'une brillante position de fortune dans un état voisin de l'indigence.

La douleur causée par ce revers, qui compromettait gravement l'avenir de sa fille et de son fils, plus jeune de quelques années, occasionna à M. Pironnet une maladie de langueur à laquelle se joignit plus tard une paralysie générale. Il serait difficile de dire les soins assidus, les veilles prolongées et les privations de tout genre par lesquels Mlle Pironnet prouva à son père son dévouement filial jusqu'au moment où elle lui ferma les yeux. Mme Pironnet, mère de notre chère Sœur, survécut peu de temps à son époux. Elle mourut consumée de douleur en recommandant à Dieu ses deux enfants orphelins et sans moyens d'existence. Quelque temps après, notre chère Sœur était admise au pensionnat du monastère de Notre-Dame de Carcassonne et son frère prenait le parti des armes. Mlle Pironnet entra, en 1841, en qualité de postulante, dans notre communauté d'Albi et prit le voile le 15 avril de la même année. Elle fit profession le 11 mai 1843.

Notre chère Sœur Pironnet se fit toujours remarquer par sa grande simplicité, par sa charmante douceur et sa bonté parfaite, surtout dans l'office d'infirmière du pensionnat et de la communauté.

Nos anciennes élèves ont gardé le souvenir de ses tendres soins et de ses attentions pleines de délicatesse.

Notre chère Sœur était douée du plus heureux caractère ; sa douce gaîté faisait le charme de nos récréations, et elle la conserva même dans la maladie qui paralysa complétement ses membres inférieurs. A cette paralysie se joignirent d'affreuses plaies qui couvrirent une partie de son corps et qui lui firent souffrir d'intolérables douleurs. Ce fut au milieu de ces souffrances cruelles, après avoir donné des exemples d'une héroïque patience, qu'elle rendit le dernier soupir dans le baiser du Seigneur, le 7 janvier 1853, à l'âge de quarante-huit ans, dont douze de religion.

Sœur Cécile MARY, compagne

> Heureux ceux qui demeurent dans votre maison, Seigneur, ils vous béniront éternellement.
> (Ps. 83, v. 4.)

Notre chère Sœur Cécile Mary appartenait à une honnête famille de propriétaires. Elle était née à Albi, le 30 septembre 1807. Elle entra comme postulante, dans notre communauté, dès les premiers jours de sa fondation (en 1827), et prit le voile le 31 octobre 1829.

Notre chère Sœur Cécile Mary avait soupiré toute sa vie après le moment où elle pourrait se donner tout entière à Dieu dans la vie religieuse ; aussi lui consacra-t-elle, dès les premiers instants de son noviciat, toutes ses facultés et tout son être. Il était facile de juger, en la voyant, que Dieu seul la préoccupait à toute heure du jour. Son maintien grave et recueilli, sa modestie exemplaire impressionnaient vivement tous ceux qui la voyaient ; et les anciennes élèves, qui avaient pour elle le plus profond respect, en parlent encore comme d'une sainte. Si notre chère Sœur Cécile Mary savait, comme Madeleine, se plaire dans de saints entretiens avec le Dieu de son cœur, elle savait unir aussi le travail à la prière, à l'exemple de Marthe, modèle des Sœurs compagnes. Dans les emplois d'aide à la lingerie et de robière, elle montra sa diligence et son esprit d'ordre. Les vertus favorites de notre chère Sœur Cécile Mary étaient la pauvreté et l'esprit de mortification.

Son habit et son voile n'étaient qu'une réunion de pièces de toutes les formes ; mais ils étaient aussi d'une extrême propreté. Comme le disent nos saintes Règles, elle eût été heureuse de n'avoir à son usage que les choses les plus viles de la maison, qu'elle recherchait autant qu'il était en son pouvoir. Sa mortification était telle qu'il fallut les plus vives instances et les ordres formels de ses supérieurs pour lui faire accepter quelques soulagements lorsque sa santé était déjà gravement altérée. Une Sœur la trouva, un jour, dans sa cellule, coupant avec des ciseaux une excroissance de chair qui lui était venue au bras. Elle faisait cette opération avec autant de calme qu'on en mettrait à tailler un morceau d'étoffe, et elle ne s'arrêta qu'en entendant l'apostrophe véhémente de la Sœur converse, sa compagne, qui lui reprochait énergiquement sa cruauté envers elle-même.

Notre chère Sœur Cécile Mary souffrait, depuis plus de dix ans, de la maladie au foie dont elle mourut, le 21 avril 1853, âgée de quarante-six ans ; elle en avait passé vingt-quatre dans notre monastère. Malgré la générosité avec laquelle elle s'était toute sa vie dévouée au service de Dieu, elle eut, pendant longtemps, une frayeur excessive de la mort.

Des scrupules tourmentaient aussi sa conscience et, dans la crainte de n'être point assez purifiée de ses fautes, elle n'osait s'approcher de la Sainte-Table. Mais, à ces sentiments de crainte, succédèrent, plusieurs années avant sa mort, ceux d'une confiance sans bornes dans la bonté de Dieu ; et, pour réparer ce qu'il y avait eu d'excessif dans sa défiance autant que pour satisfaire le besoin de son cœur, elle recevait tous les jours le Dieu qui, dans sa charité infinie, fait ses délices d'habiter dans le cœur de ses épouses, lorsqu'elles sont fidèles. Ce fut dans la joie, la paix et une sainte confiance, qu'elle rendit son dernier soupir.

―――――

Sœur Justine CHANTON

Je me suis réjouie lorsqu'on m'a dit : Nous irons dans la maison du Seigneur.
(Ps. 121, v. 1er.)

Notre chère Sœur Justine Chanton, née à Lescure (Tarn), en 1809, éprouva de grandes oppositions de la part de sa famille, lorsqu'elle voulut se donner à Dieu dans la vie religieuse. Elle ne put réaliser ses pieux desseins qu'à l'âge de trente-sept ans, et prit l'habit le 1er juin 1846.

Son père étant mort pendant qu'elle était encore novice, sa famille usa de toute son influence pour la faire sortir du cloître, mais ce fut vainement, et notre chère Sœur fit sa profession, le 30 octobre 1848.

Pendant les sept années qu'elle passa dans la vie religieuse, elle édifia constamment la communauté par son esprit de prière, sa grande régularité et sa charité parfaite.

Dans les emplois d'infirmière et de maîtresse des plus jeunes élèves du pensionnat elle fut un modèle de patience inaltérable et de douceur constante.

Atteinte d'une maladie de poitrine, elle ne s'alita que quelques jours. Presque mourante, elle descendait encore au chœur afin de n'être pas privée de la sainte Eucharistie, les délices de son âme, qui devait être aussi pour le Dieu d'amour un précieux tabernacle, puisqu'elle s'appliquait avec tant de zèle à la pratique de la vertu de charité, si chère au bon Maître.

Elle désirait ardemment la mort, et la pensée de sa fin prochaine la faisait entrer dans les transports d'une joie extraordinaire et comme dans un saint enivrement!... Elle parlait à tout le monde du bonheur qu'elle allait éprouver en voyant son Époux divin, et s'écriait déjà dans *l'extase de son âme et de ses sens : O Dieu de mon cœur, vous allez être mon partage pour l'éternité!*

Il lui sembla voir, dans son pieux délire, un calice lumineux, surmonté d'une hostie et entouré d'une immortelle couronne!... Elle fut avertie intérieurement de l'heure de sa mort. Le samedi soir, entendant la cloche qui annonçait les litanies, elle dit à la Sœur qui était auprès d'elle : « Allez aux litanies, ma Sœur, je ne mourrai pas pendant ce temps; mais, néanmoins, je ne retarderai pas l'heure du coucher. » Elle expira, en effet, entre huit et neuf heures du soir, dans les sentiments d'une joie toute céleste, le 8 octobre 1853, à l'âge de quarante-quatre ans.

Sœur Jeanne ANDRAL, compagne

> En peu de temps, elle fournit une longue carrière.
> (Livre de la Sagesse, ch. IV, v. 11.)

Notre chère sœur Jeanne Andral, née à Graulhet (Tarn), le 15 janvier 1830, était depuis quelques années dans notre communauté en qualité de tourière lorsqu'on l'admit à la prise d'habit, le 13 novembre 1855. Un anévrisme dont on n'avait pas soupçonné l'existence, nous l'enleva quatre mois après, le 19 février 1856, à l'âge de vingt-six ans.

Malgré le peu de temps qu'elle passa dans notre communauté, sa vertu y a laissé d'impérissables souvenirs. Angélique piété, amabilité parfaite de caractère, humilité qui ne se démentit jamais, présence de Dieu continuelle, simplicité d'enfant, amour de l'obéissance, horreur de la moindre imperfection volontaire, soumission parfaite et aveugle confiance envers ses supérieurs, tels sont, à grands traits, les caractères de cette édifiante vie.

Elle était de ces âmes que le Ciel ne montre au monde qu'un instant, de ces âmes angéliques, qui semblent n'être point faites pour la terre, et qui vont chercher bien loin d'elle, comme la colombe de l'arche, un lieu où elles puissent se reposer sans ternir leur virginale beauté!!!

Dans ses jours de souffrance, elle se montra telle que nous l'avions toujours connue. « Ah! s'écriait-elle, en baisant amoureusement son crucifix, ah! je n'aurais jamais cru qu'on fût si heureux de souffrir!!! » Quelques heures après avoir reçu les derniers sacrements, elle s'endormit ici-bas pour aller se reposer éternellement, nous en avons la confiance, dans le sein du divin Maître qui a dit : Bienheureux les cœurs purs, parce qu'ils verront Dieu !

Sœur Marguerite MARLIAC

> Heureux ceux qui craignent le Seigneur, et qui marchent dans ses voies.
> (Ps. CXXVII, 1.)

Notre chère Sœur Marguerite Marliac, née à Vieillespesse, dans le Cantal, le 19 mars 1831, se fit remarquer par une grande générosité, une remarquable énergie de caractère, et par le sérieux et la solidité de son jugement. Son cœur très-affectueux lui rendit très-pénible l'éloignement de son pays et de ceux qui lui étaient chers; mais elle fit généreusement à Dieu ce grand sacrifice qui, néanmoins, lui fit verser bien des larmes. Elle prit l'habit le 26 juillet 1853.

Elle eut beaucoup à lutter contre la violence naturelle de son caractère, mais, par d'héroïques efforts, elle la modéra sensiblement. Elle fit surtout de grands progrès pendant la maladie dont elle fut atteinte la seconde année de son noviciat. Elle montra alors une admirable patience, au milieu d'atroces douleurs, une obéissance parfaite et beaucoup de renoncement. On comprit bientôt que son mal serait sans remède; mais elle demanda avec tant d'instances à rester dans la maison de la sainte Vierge, qu'on ne voulût point lui refuser cette grâce qui remplit son cœur de la plus vive reconnaissance, envers Dieu d'abord, et aussi envers la communauté. Lorsqu'elle n'eut plus l'espoir de guérir, elle chassa de son esprit toute pensée autre que celle des choses éternelles, et ne s'occupa plus qu'à se préparer à paraître devant le souverain Juge, dont toute sa vie, à l'exception des derniers mois de sa maladie, elle avait tant redouté les justes, mais terribles jugements. Dieu voulut alors lui ôter ses craintes. Plus l'heure de sa mort approchait, plus grande devenait sa confiance en la bonté de son céleste Époux et la joie qu'elle avait d'aller se réunir à lui. Sa conscience était si tranquille qu'elle ne voulut pas que sa Mère-Maîtresse la quittât lorsque, à ses derniers moments, M. l'Aumônier venait lui donner une dernière fois l'absolution.

« Ma Mère, dit-elle à la Mère des novices, quelques heures avant sa mort, veuillez m'avertir lorsque je serai à l'agonie. » — « Vous y êtes, ma pauvre enfant, répondit celle-ci. » Cette réponse sembla augmenter sa joie, et, tout heureuse de voir ses liens se briser, elle expira le 7 juin 1856, peu de temps après avoir prononcé ses vœux sur son lit de mort. Elle avait passé trois ans dans la vie religieuse, et était âgée de vingt-cinq ans.

Rose DARNAUD, compagne

> Seigneur, vous prenez plaisir à vous entretenir avec les humbles et les simples.
> (Job, c. 21, v. 16.)

Notre chère sœur Rose Darnaud, née à Albi le 26 février 1804, appartenait à une famille aisée qui la chérissait. Elle ne parvint qu'avec une grande peine à avoir l'autorisation d'entrer dans notre monastère, où elle continua la vie pieuse qu'elle avait menée dans le monde. Notre chère Sœur Rose Darnaud prit l'habit le 2 février 1831, et fit profession le 2 février 1833. Elle montra toujours un grand amour pour la prière, et un dévoûment remarquable dans la charge d'infirmière qu'elle exerça pendant de longues années. Active et laborieuse, elle rendit, pendant les vingt-six ans qu'elle a passés en religion, de grands services à la communauté. Elle mourut le 13 octobre 1857, à l'âge de cinquante-trois ans.

Sœur Fanny CAHUSAC, novice

> Mon Dieu est mon tout!!!
> (S. François d'Assise.)

Notre chère Sœur Fanny Cahusac, née à Albi le 22 février 1838, appartenait à une honorable famille. Elle fut placée fort jeune encore, comme externe, dans notre pensionnat, avec sa sœur plus âgée de deux ans. La petite Fanny en avait à peine huit lorsqu'elle perdit sa mère, et M. Cahusac nous confia alors entièrement ses deux filles qui furent pensionnaires jusqu'à la fin de leur éducation. Mlle Cahusac se fit remarquer, dès lors, par sa grande application et son intelligence ; et, dans toutes les classes, des prix nombreux étaient, à la fin de l'année, la récompense de son travail assidu. Elle avait dix ans et quelques mois lorsqu'elle fut admise à faire sa première communion, et elle montra à cette époque une grande inclination pour la piété qui ne fit que croître avec l'âge, et qui l'aida à corriger son caractère naturellement susceptible et difficile.

A l'exception de certains défauts de caractère, on ne remarqua rien de répréhensible dans la jeune Fanny dont le cœur parfaitement innocent ne fut jamais souillé par une faute grave. Comment les regards de Dieu n'auraient-ils pas été captivés par cette âme si candide et si pure! Elle sut les attirer sur elle, et les grâces les plus précieuses et les plus spéciales, auxquelles elle correspondit toujours, devaient faire de notre chère Sœur un modèle de perfection religieuse, à l'âge où d'autres commencent à peine à faire les premiers pas dans cette sainte carrière. Elle n'avait pas treize ans qu'elle aspirait déjà, de toute l'ardeur de ses désirs, à se consacrer toute à Dieu dans notre saint ordre.

La maîtresse qui la dirigeait l'obligea, à cette époque, d'écrire ce qu'elle pensait sur la vie religieuse et sur les autres états de vie. Elle obéit; et les pages qu'elle écrivit sur ce sujet, témoignèrent de sa grande intelligence pour les choses spirituelles dans lesquelles elle faisait, chaque jour, de rapides et d'étonnants progrès.

Elle avait terminé son éducation à quinze ans; mais son attachement pour la maison et ses inclinations pieuses lui firent souhaiter de rester encore au pensionnat, où elle prenait quelques leçons et s'appliquait à perfectionner son talent remarquable pour la musique, dont elle donnait même des leçons aux plus jeunes élèves, à la grande satisfaction de celles-ci et de leurs parents.

Elle eût été bien heureuse alors si M. Cahusac, son père, touché par ses instantes prières, lui avait permis d'entrer au noviciat. Mais elle ne put obtenir la réalisation de ses vœux les plus chers; et, en souffrant de ce retard forcé, elle commença à vivre au pensionnat comme une fervente novice,

Toutes nos saintes pratiques lui furent bientôt familières. Elle faisait exactement sa méditation, son examen particulier et récitait, à des heures réglées, les diverses parties de l'office.

Bientôt elle obtint, comme récompense de sa ferveur et de l'amélioration de son caractère, une grâce qu'elle avait ardemment souhaitée : celle de faire le vœu de virginité, qu'elle renouvelait tous les dimanches. Mais il fallait pour cela qu'elle eût obtenu la meilleure note à laquelle les élèves pouvaient aspirer, un *parfaitement !*... Quand une légère infraction au règlement l'avait empêchée d'arriver à ce *parfaitement* si difficile, puisque pour l'avoir il fallait être irrépréhensible sur une multitude de points, elle ne devait pas renouveler son vœu, et sa maîtresse lui faisait déposer l'anneau, gage de son alliance avec l'Epoux des vierges.

Combien cette punition était sensible à son cœur, et que d'efforts généreux, notre chère Sœur savait faire, pour pouvoir redire à son Bien-Aimé, son doux serment, et rentrer en possession de cet anneau béni, qu'elle préférait à tous les joyaux de l'univers!

Elle rendait exactement compte, tous les soirs, à sa maîtresse de son examen particulier, et de toute sa conduite à des jours marqués. Quand elle avait failli, elle en recevait une pénitence plus ou moins sévère, selon la nature de ses manquements qui ne furent jamais bien graves.

Le 18 octobre 1855, après les vacances passées dans sa famille, elle revint encore au pensionnat, non sans avoir encore vainement demandé, à son père, de lui permettre d'entrer dans la communauté comme postulante. Une cérémonie de vêture et de profession devait avoir lieu le 13 novembre suivant ; et la jeune Fanny suppliait le ciel d'inspirer au cœur de son père de lui donner le consentement si ardemment attendu, afin qu'elle pût prendre l'habit à cette époque, selon la promesse qui lui en avait été faite par la Révérende Mère de Solages, qui savait avec quelle ferveur elle avait fait son postulat, au milieu des élèves, ses compagnes.

Enfin, le premier jeudi de novembre, jour de sortie pour les élèves, elle obtint, à force de prières et de larmes, l'autorisation d'entrer au noviciat, et y entra le soir même.

Toute la communauté partagea son bonheur, et le jour de saint Stanislas de Kostka, 13 novembre 1855, elle était revêtue du saint habit, avec trois autres postulantes.

Pour donner une idée de sa ferveur, de sa régularité, de sa charité, nous ne dirons qu'une chose : c'est que pendant ses deux années de noviciat, elle ne put trouver à accuser qu'une faute à demi volontaire : elle avait laissé entr'ouverte, un moment, la porte de la tribune, contrairement à la recommandation qui lui avait été faite par la première maîtresse de musique !...

Son union avec Dieu était continuelle, et son recueillement si profond, en la présence de Jésus dans le tabernacle, que rien ne pouvait alors la distraire et attirer son attention. Son emploi de maîtresse de musique l'empêchait de faire une partie de ses exercices avec la communauté, mais elle se hâtait d'y suppléer au temps qui lui avait été marqué ; et, pendant des heures entières, elle restait au chœur pour réciter son rosaire, faire son examen et ses prières de dévotion, avec une ferveur et un recueillement vraiment angéliques.

Lorsqu'on la rencontrait dans la maison, on était frappé de sa modestie, et l'on comprenait, en la voyant, qu'elle s'entretenait avec son Époux sacré, qui occupait, en tous lieux et à toute heure, son esprit et son cœur.

Le bon Maître, qui la favorisa toujours de ses grâces de choix, la poussait, par ses divines inspirations, au détachement parfait de toutes choses, ce qui fit son caractère distinctif, avec l'amour de la vie cachée. Non-seulement elle avait arraché soigneusement de son cœur toute affection pour les créatures, mais elle ne voulait pas même avoir d'attache pour le plus petit objet. Dieu était pour elle d'une extrême exigence à cet égard. Quelquefois, lorsqu'elle avait arrangé avec beaucoup de soin un petit cahier ou une couverture de livre, elle sentait aussitôt le bon Dieu lui en demander le sacrifice; il en était de même pour un livre qu'elle aurait aimé, pour une gravure de dévotion ; et, fidèle à ces inspirations de dépouillement, elle allait immédiatement porter, à la Mère-Maîtresse, cet objet dont son divin Epoux lui demandait le sacrifice.

Pour avoir une idée de ce dépouillement universel, il suffisait de voir le tiroir de sa table de travail ; d'un côté, l'on apercevait quelques feuilles de papier, une ou deux plumes ; et de l'autre, un pauvre encrier, et puis.... pas autre chose !..... Lorsqu'elle mourut, elle n'avait qu'une seule image du Sacré-Cœur de Jésus, sur laquelle elle avait écrit ces mots : « *Vie pour vie! amour pour amour! sacrifice pour sacrifice!* » et cette parole de l'Évangile : « Il m'a aimée et Il s'est livré pour moi ! »

Ce détachement absolu de toutes choses, que pratiqua toujours notre chère Sœur, était d'autant plus méritoire, que la position de sa famille lui avait toujours permis de satisfaire ses goûts en toutes choses, et que sa sœur et une de ses tantes qui lui servait de mère auraient été très-heureuses de lui procurer mille petits objets de dévotion, les seuls qu'on savait lui plaire. De plus encore, notre chère Sœur était naturellement portée elle-même à rechercher tout ce qui pouvait l'accommoder et lui procurer surtout, comme certains livres de piété, certains objets de dévotion, certaines gravures, une pieuse satisfaction. Mais elle avait compris qu'elle était, de la part de Jésus, l'objet d'une divine jalousie, et le cœur de cette jeune vierge ne lui refusa jamais les sacrifices qu'il lui demandait à chaque instant du jour.

Mais sa vertu allait être mise à une terrible épreuve

Le noviciat de notre chère Sœur était près de finir, lorsque sa santé, toujours très-délicate, donnant de sérieuses inquiétudes, elle dut quitter son voile béni et rentrer au sein de sa famille. Pendant plusieurs mois, son mal empira rapidement. Les novices, reçues en même temps qu'elle, avaient été admises à la profession, et notre chère Sœur demandait instamment à Dieu de lui donner assez de santé pour qu'elle pût rentrer dans son asile béni et prononcer bientôt ses vœux, tandis que sa famille cherchait vainement à lui persuader de renoncer à ses projets, incompatibles, disait-elle, avec la faiblesse de son tempérament. Dieu fut touché des prières de notre bien-aimée Sœur ; son état s'améliora, elle vainquit de nouveau les résistances de sa famille et put, au commencement du mois d'octobre 1855, revêtir de nouveau le saint habit.

Hélas ! nous ne jouîmes pas longtemps de l'exemple de ses vertus, et ses vœux les plus chers ne devaient point être réalisés !!

Le 23 octobre, notre chère Sœur avait fait la sainte communion ; elle avait donné ses leçons de musique à ses élèves ; elle avait, le soir, récité l'office et les prières ordinaires avec la communauté, lorsque, à peine arrivée dans le dortoir des novices, elle fut prise d'une sorte de suffocation accompagnée d'un regorgement de sang; on accourut à son secours; elle ne fit entendre que quelques plaintes inarticulées et s'affaissa sur elle-même. Elle n'était plus!..... Son âme, parée encore de l'innocence de son baptême et de mille vertus, s'était envolée, selon l'expression de son confesseur, avec ses blanches ailes vers le Dieu qu'elle avait tant aimé! C'était le 23 octobre 1858. Elle était dans la vingt et unième année de son âge.

Sœur Clémence JAUZION

> Écoutez, ma fille, voyez et prêtez l'oreille; oubliez votre peuple et la maison de votre père.
> (Ps. 44, v. 12).

Sœur Clémence Jauzion, née au château de Belvèze, près Saint-Paul-Cap-de-Joux, le 24 mars 1817, dut le jour à une famille distinguée. Elle était âgée de trente-quatre ans lorsqu'elle entra dans notre monastère. Elle avait ardemment souhaité toute sa vie de se consacrer à Dieu dans le cloître; mais, pour condescendre aux désirs de ses vénérables parents, elle dut passer de longues années dans le monde, où elle partagea son temps entre les exercices d'une ardente piété et les soins tendres et affectueux qu'elle prodiguait aux auteurs de ses jours, à ses frères et à ses sœurs, qui la chérissaient comme une seconde mère.

Notre chère Sœur fut toujours l'objet de la prédilection de toute sa nombreuse famille ; aussi combien ne lui fallut-il pas de sainte énergie pour rompre des liens si forts et si légitimes ! Combien lui en coûta-t-il encore pour renoncer à ses habitudes d'indépendance et de bien-être, elle qui avait tout à souhait et qui ne vit jamais opposer une résistance à l'accomplissement de ses volontés. Mais, rendue forte par la grâce toute-puissante du ciel, elle dit adieu à tout ce qui lui était cher et vint chercher, dans une vie de renoncement et de sacrifices, un bonheur plus vrai et plus durable que celui auquel sa position sociale la mettait en droit d'aspirer.

Elle entra dans notre communauté en 1851 et prit l'habit religieux le 19 juin de la même année. Elle dut, pour ainsi dire, changer de nature pour soumettre sa volonté et son jugement, se plier aux saintes exigences de la vie religieuse et obéir en tout temps, elle qui, depuis de longues années, commandait chez elle en souveraine.

Pour elle, tout était souffrances dans la vie religieuse. Ainsi, marcher lentement, descendre ou monter un escalier *une seule marche à la fois*, fermer une porte avec précaution étaient pour sa nature de très-grands actes de mortification. Un autre sujet de peine pour notre chère Sœur, qui avait toujours vécu avec des personnes âgées et sérieuses, c'était de se trouver en contact avec plusieurs jeunes novices, qui, malgré leur ferveur, ne pouvaient pas avoir le sérieux d'une personne arrivée à l'âge mûr. Elle ne comprenait pas que, lorsqu'on est jeune novice, on est encore enfant quelquefois, et que l'on fait assez souvent de saints enfantillages ; aussi notre chère Sœur, qui accordait *volontiers* et *généreusement*, à ses compagnes du noviciat, sa *protection* et ses *conseils*, ne leur donnait pas une aussi *large part* dans son *indulgence*, et s'épouvantait et se scandalisait *presque* de leurs petites imperfections. Dans toutes ces occasions de mérite, notre bien-aimée Sœur Jauzion donna des preuves constantes de sa générosité ; aussi, après les deux années de probation, fut-elle admise à prononcer ses vœux, le 26 juillet 1853.

Notre chère Sœur s'est rendue extrêmement utile comme surveillante-maîtresse des plus jeunes élèves du pensionnat et maîtresse de toutes sortes d'ouvrages, dans lesquels elle excellait. Elle apprenait aussi aux élèves à confectionner les fleurs, qu'elle faisait parfaitement elle-même. Chargée pendant longtemps de la lingerie, elle était attentive à tout ce qui concernait son office, qu'elle remplit avec un soin et une diligence dignes des plus grands éloges.

La santé de notre chère Sœur Jauzion n'avait jamais été bonne, et les violences perpétuelles qu'elle était obligée de se faire pour maîtriser son imagination trop ardente, pour vaincre sa bouillante nature et porter constamment le joug de l'obéissance, furent les principales causes qui contribuèrent encore à l'affaiblir. Elle avait depuis longtemps de violentes crises nerveuses auxquelles se joignirent d'autres maux qui la clouèrent pendant plusieurs mois sur un lit de souffrance..... Quel martyre pour cette âme si active que d'être réduite à l'impuissance d'agir, et combien sa vertu fut mise alors à une cruelle épreuve! Mais cette épreuve ne fut pas au-dessus de son courage et de sa vertu.

Un trait prouvera combien notre chère Sœur tenait à l'accomplissement de la Règle. Un de ses beaux-frères, qui était médecin, avait obtenu de l'autorité ecclésiastique, de la voir une fois pour s'assurer par lui-même de l'état de la chère malade et essayer de la soulager par quelques-unes de ses prescriptions. Lorsqu'il fut introduit dans l'infirmerie, notre chère Sœur Clémence Jauzion, affligée profondément de ce qu'elle regardait comme une infraction à la règle, s'écria avec une grande expression de tristesse : « Ah! mon frère, quelle peine vous me faites! » Ce fut à peu près le seul remercîment qu'il reçut de notre chère malade, qui, quelques jours après, munie de tous les secours spirituels que la religion prodigue à ses enfants, nous quitta pour aller recevoir au ciel, sans doute, une brillante couronne méritée par tant de combats et de cruelles douleurs, supportées avec une admirable patience. C'était le 30 juin 1859. Elle était âgée de quarante-deux ans, et avait passé huit ans dans la vie religieuse.

Mère Anna LAFOND

> Les souffrances de cette vie n'ont point de proportion avec la gloire future qui en est le prix.
> (Rom., c. VIII, v. 18.)

Ce fut sur les genoux de sa pieuse mère que notre chère Mère Anna Lafond apprit à connaître Dieu et à l'aimer de tout son cœur. Elle était née à Canac (Aveyron), le 19 janvier 1815. Son père lui fut ravi quand elle était encore dans l'âge le plus tendre. Sa vénérable mère, suivant les conseils que Dieu donne aux veuves, s'appliqua, avant toutes choses, à bien élever ses enfants. Notre chère Mère, répondant à ses soins, se fit toujours remarquer dans le monde par sa sincère piété et sa conduite exemplaire. Elle connaissait particulièrement la Révérende Mère de Rogéry, et elle lui demanda l'autorisation de faire une retraite dans notre communauté d'Albi. Ce fut pendant ces saints exercices qu'elle vit se ranimer en elle le désir qu'elle avait depuis longtemps d'embrasser la vie religieuse; mais la crainte exagérée de ne pas en remplir assez bien les obligations lui fit ajourner son projet. Notre chère Mère rentra dans sa famille, et ce ne fut qu'un an après qu'elle vint se présenter à la Mère de Rogéry, en qualité de postulante. Ses scrupules et ses craintes vinrent encore la tourmenter : elle se trouvait indigne de revêtir les saintes livrées des épouses de Jésus-Christ, et tremblait de ne pas s'acquitter avec assez de perfection des devoirs qu'impose l'état religieux. Ce ne fut que par obéissance à ses supérieurs qu'elle consentit à se revêtir du saint habit, le 2 juillet 1839. Elle se montra dès lors une novice accomplie, constamment fidèle à la règle, et se distingua par son amour du silence et cette aimable charité qui rendirent toujours si agréables et si doux les rapports qu'on avait avec elle.

En 1840, elle accompagna à Rome, avec une de ses cousines, la Révérende Mère de Rogéry, dont celle-ci était la nièce. Après un séjour d'un an dans notre maison de Saint-Denis [1], notre chère Mère rentra en France, et revint dans notre communauté où elle continua à nous édifier par la pratique des plus aimables vertus. Elle fit profession le 11 mai 1843. Notre chère Mère remplit avec zèle les divers emplois qui lui furent confiés auprès des enfants ; mais c'est surtout dans l'emploi de préfète des classes gratuites qu'elle signala

1. Le Monastère de Notre-Dame de Rome est un établissement français, protégé par la France.

son amour pour les jeunes âmes qui lui étaient confiées. Jamais maîtresse ne les forma mieux à la piété et à l'amour du travail et du devoir, et personne ne sut leur communiquer avec autant de tact et de dévoûment les connaissances en rapport avec leur humble condition.

Atteinte d'une fièvre typhoïde au mois de juillet 1850, notre chère Mère fut en peu de jours réduite à l'extrémité; elle avait déjà reçu les derniers sacrements, la solennité en usage pour la distribution des prix avait été supprimée à cause de sa maladie, nous n'attendions plus que son dernier soupir, lorsque une amélioration sensible se manifesta dans son état presque désespéré. Pleine de foi et de confiance en Dieu, elle lui avait demandé, dans une fervente prière, de la guérir afin qu'elle pût, pendant quelques années encore, se dévouer à l'éducation des enfants les plus pauvres de nos classes et les plus chères à son cœur.

Dieu lui donna intérieurement l'assurance qu'elle était exaucée.

La fièvre disparut bientôt, et le 30 septembre elle put entendre la messe au chœur et offrir au bon Maître ses ferventes actions de grâces. Mais Dieu, en la délivrant momentanément des douleurs du corps, la laissa toujours en proie aux plus désolantes peines intérieures qui jetaient son âme dans une sorte de désespoir involontaire. La direction, la confession ne lui apportaient aucune consolation. Elle ne s'approchait de la sainte Eucharistie que pour obéir aux ordres de son confesseur; et ce céleste aliment augmentait les souffrances de son âme, parce qu'elle croyait le profaner ! Bientôt, à ce martyre intérieur, se joignirent d'affreuses douleurs névralgiques, un dégoût total pour toute espèce de nourriture et la privation complète de sommeil. Qu'on s'imagine ce qu'elle éprouvait alors dans ces longues insomnies, accablée à la fois par les douleurs du corps et par les tourments de l'âme !... Et, au milieu de ses souffrances de tout genre, notre chère Mère était encore charitable, bonne envers toutes ses Sœurs, et ses manières conservaient cette amabilité gracieuse que le monde appellerait exquise politesse, mais que dans un langage plus religieux, nous appellerons du doux nom de charité. Le ciel ne voulut pas, cette fois, exaucer les vœux que nous fîmes pour sa guérison. Dieu, qui l'avait tant éprouvée, parce qu'il l'aimait, l'appelait enfin dans un monde meilleur.

Lorsque notre bien-aimée Mère sentit que ses derniers jours étaient venus, elle demanda à faire encore une fois l'aveu de toutes les fautes de sa vie, qu'elle avait tant déplorées; et, lorsqu'elle eut reçu le saint Viatique pour le grand voyage et le sacrement des mourants, une douce paix succéda aux peines intérieures qui l'avaient fait tant souffrir, et, tandis qu'on récitait près d'elle les prières des agonisants, auxquelles elle s'unissait, elle s'endormait pour toujours dans la paix du Seigneur, le 30 décembre 1861, dans la quarante-sixième année de son âge, et la vingtième depuis son entrée en religion.

Notre chère Mère Marie BARTHÈS

> Votre force sera dans le silence.
> (Isaïe, xxx, 15.)

Notre chère Mère Marie Barthès était née à Toulouse, le 27 juin 1822, d'une très-honorable famille, dans laquelle on comptait deux saints ecclésiastiques, ses oncles : le R. P. Barthès, jésuite, dont la vertu convertit plus d'âmes que les plus éloquents discours, et M. Barthès, ancien curé de Villefranche, et confesseur pendant de longues années de notre Mère de Solages, remarquable aussi par ses vertus sacerdotales.

A peine âgée de six ans, notre chère Mère Barthès fut confiée à une vertueuse dame, supérieure d'une sainte Congrégation, à Châteauroux (Indre). Après avoit reçu une éducation très-soignée dans cette maison où l'on voulait la retenir, elle fut amenée à Albi et présentée, par M. l'abbé Barthès, son oncle, à la Révérende Mère de Solages. Mademoiselle Barthès passa plusieurs années dans la maison, en qualité de sous-maîtresse, après lesquelles Dieu lui fit comprendre qu'il l'appelait à la vie religieuse. Elle ne prit pas à la légère cette importante détermination ; et ce ne fut qu'après des neuvaines et des prières multipliées, qu'assurée de de la volonté du ciel, elle prit le voile le 31 mars 1845. Elle fut admise à la profession le 5 avril 1847. Notre chère Mère Barthès joignait à beaucoup d'intelligence et à une instruction variée, une grande distinction de langage et de manières, ce qui la rendait propre à la principale fonction de l'institut : à l'éducation des enfants.

Le caractère distinctif de notre chère Mère Barthès, depuis son entrée au noviciat jusqu'au dernier jour de sa vie, fut une régularité parfaite, une exactitude remarquable en toutes choses. L'infirmière se rappelle que, pendant sa dernière maladie, cette bonne Mère l'avertissait, au son de la cloche, des exercices et tâchait de tout prévoir afin de n'avoir pas alors besoin de son secours.

On ne la vit jamais elle-même attendre le second coup de cloche pour se rendre où le devoir l'appelait, et son extrême ponctualité se montrait à toute heure et en toute circonstance. Elle sut toujours se concilier l'affection et l'estime de ses élèves qui admiraient surtout en elle son impartialité et sa justice. Elle alliait parfaitement la bonté et la douceur avec une rare fermeté, et celles d'entre nous qui furent ses élèves se rappellent toujours l'impression que faisaient sur elles ses avertissements ou ses conseils, exprimés en très-peu de mots, mais dont chacun avait sa valeur et sa portée. On peut encore citer notre chère Mère Barthès comme un modèle d'ordre.

D'anciennes élèves se souviennent, comme ses Sœurs, d'avoir vu pendant dix ans peut-être son pauvre essuie-plume et son modeste encrier posés au *même coin* de sa petite table. Sa personne, comme sa cellule et tout ce qui était à son usage, témoignaient de l'ordre le plus parfait, en même temps que de son esprit de pauvreté.

Notre chère Mère chérissait le silence, qu'elle garda parfaitement toute sa vie : jamais, quand un mot suffisait, elle n'en ajouta deux; ainsi qu'il arrive le plus souvent, ses paroles avaient d'autant plus d'autorité qu'elles étaient plus rares et plus graves.

Sa mortification fut presque excessive ; et c'est à cela qu'on attribue, en partie, le dépérissement de sa santé qui avait toujours été bonne. On se rappelle entre autres preuves de cette mortification, qu'elle se priva entièrement de se chauffer pendant un hiver très-rigoureux.

Une phthisie galopante, qu'on parvint à arrêter pendant quelque temps, la retint six mois à l'infirmerie et l'enleva à la communauté, à laquelle elle avait rendu, comme maîtresse des premières classes, d'éminents services, et qu'elle édifia par sa patience durant sa maladie. Elle mourut le 28 décembre 1862, à l'âge de quarante ans, et dix-neuf de vie religieuse. Notre chère Mère avait dans la communauté une sœur qui devait, deux ans après, la rejoindre au ciel!

Sœur Hélène BURDALLET

> La part qui m'est échue est délicieuse, et mon héritage est d'un grand prix.
> (Ps. xv, v. 7.)

Le 27 octobre 1863, notre communauté fit une perte bien cruelle dans la personne de notre chère Sœur Hélène Burdallet, âgée de vingt-cinq ans. Notre bien-aimée Mère de Solages, atteinte de la maladie qui devait l'enlever un mois après, ressentit bien vivement la mort de cette jeune Sœur, sur laquelle elle avait fondé, comme nous, les plus grandes espérances, et que son aimable caractère et sa précoce vertu faisaient chérir de tous ceux qui la connaissaient. Comme notre bien-aimée Mère, notre chère Sœur Burdallet avait une maladie au cœur qui l'enleva lorsqu'elle était à peine convalescente d'une terrible fièvre, à laquelle elle avait failli succomber, et dont nous étions si heureuses de la voir délivrée depuis si peu de temps.

Notre chère Sœur Burdallet était née à Toulouse, le 10 novembre 1838. Elle fut placée, comme élève, dans notre pensionnat en 1854, quoiqu'elle eût presque entièrement terminé son éducation au couvent de la Visitation de Toulouse, où ses heureuses dispositions pour la vertu et les sciences avaient été parfaitement développées. A peine fut-elle au milieu de ses nouvelles compagnes, qu'elle les édifia par sa piété fervente et sa modestie exemplaire à la chapelle, où on ne la vit jamais lever les yeux. Initiée à toutes les petites pratiques en usage parmi les élèves des maisons religieuses, elle s'y montra toujours fidèle. Admise au postulat en 1855, notre chère Sœur Burdallet montra un grand amour pour Jésus dans l'Eucharistie et pour la très-sainte Vierge, qu'elle honorait surtout sous le titre qui lui est si cher d'*Immaculée-Conception*. Elle la priait avec tant de confiance et de ferveur, qu'il était rare qu'elle n'en fût point exaucée, et, plus tard, on la prenait pour médiatrice auprès de cette Mère de miséricorde, qui l'exauça souvent quand elle priait pour les autres, comme lorsque ses propres besoins étaient l'objet de sa prière.

Notre chère Sœur Burdallet fut admise à la prise d'habit le jour de la fête du bienheureux Stanislas Kostka, le 13 novembre 1855, et à la profession, le 25 janvier 1858. Elle fut employée tour à tour dans nos diverses classes dès son entrée dans la maison. Partout elle montra un grand talent pour communiquer aux élèves les diverses sciences propres aux jeunes filles qu'elle possédait toutes parfaitement elle-même. Elle savait, par toutes sortes d'industries, exciter leur émulation, et, en leur faisant faire de grands progrès dans les études, elle leur inspirait les sentiments de douce piété qui l'animaient. Chargée à une époque de la sixième classe du pensionnat, composée de toutes jeunes élèves, elle en fit de vrais petits prodiges. Ces chères enfants, aussi sages pendant les leçons de leur maîtresse qu'elles étaient studieuses, nous étonnaient toutes par la perfection avec laquelle elles possédaient les diverses matières enseignées dans leur classe.

Dans ses rapports avec la communauté, notre bien-aimée Sœur Burdallet avait une simplicité, une naïveté charmante, et l'on aurait pu lui reprocher presque un peu trop de laisser-aller; mais, dans ses rapports avec les élèves, elle semblait avoir changé de caractère: elle sut toujours s'en faire respecter autant qu'elle savait s'en faire chérir. A l'autorité de la science, elle joignait celle de la vertu et une gravité précoce, qui lui donnaient un grand ascendant, même sur les plus grandes élèves. Elle avait aussi une discrétion peu commune, surtout dans un âge si peu avancé.

On peut dire que pendant les huit années que notre Sœur Burdallet passa dans la vie religieuse, elle nous édifia par son esprit intérieur, sa charité, sa régularité, sa grande délicatesse de conscience.

Pour donner une idée des sentiments qui l'animaient, nous citerons quelques passages d'un petit cahier écrit par elle, l'année même de sa mort.

Nous les citons dans leur pieuse naïveté, en garantissant que la conduite de notre bien-aimée Sœur était parfaitement en rapport avec les convictions qu'elle y exprimait.

Le 12 février 1862, elle s'était consacrée, par un vœu spécial, à la gloire de Dieu, aux intérêts de Jésus, à la réparation des outrages qu'il reçoit. Elle écrivait le jeudi-saint de l'année suivante :
« Je renouvelle ma consécration ; je me redonne
« à vous, ô mon cher Maître. Gardez-moi, je vous
« en conjure ! Oh ! retenez-moi toujours. Je suis
« votre captive, et la seule grâce que je vous de-
« mande, c'est que vous ne me rendiez jamais la
« liberté...... Empêchez-moi de la prendre ; mais
« faites que j'apprenne enfin à me tenir tellement
« unie à Vous, que je sois comme collée à votre
« cœur... Que vos intérêts soient plus que jamais
« les miens... que vos pensées soient mes pensées...
« que votre amour pour l'humiliation et la dou-
« leur m'apprenne enfin à les aimer. »

Elle écrivait au mois d'avril 1863. *Mois de Jésus-Hostie.* « Jésus, mon amour, Jésus-Hostie,
« c'est vous que je veux honorer durant ce mois.
« C'est à vous, ô divin Prisonnier, que j'adresserai
« mes hommages...... C'est pour vous dédommager
« de l'oubli et des outrages des hommes, que je
« veux me *fondre* en réparation. Cette tâche de-
« manderait une générosité autre que la mienne ;
« cependant, malgré mes misères, je tenterai de
« l'accomplir... Je n'entreprendrai point de grands

« actes, je n'en suis pas capable; mais le peu que
« je ferai, je l'unirai à vos mérites infinis, et, je
« l'espère, ou plutôt j'en suis sûre, votre cœur
« tout miséricordieux, tout amour, tout bon, en
« sera délicieusement consolé!... Voici ce que je
« vous promets pour vous dédommager : 1° Cha-
« que jour je ferai quelque acte particulier qui me
« coûtera, et je chargerai mon bon ange de venir
« vous l'offrir en réparation, dans l'église où vous
« êtes le plus abandonné, le plus méconnu, le
« plus outragé! 2° J'éviterai de dire aucune parole
« inutile, me tenant bien unie à vous, vous faisant
« des réparations multipliées, m'entretenant avec
« vous, me souvenant de ces paroles que se disaient
« entre eux les disciples d'Emmaüs : « *Notre cœur*
« *n'était-il pas tout brûlant qnand il nous par-*
« *lait!...* » Oh! je veux, moi aussi, ô bon Maître,
« aller me réchauffer près de vous... 3° Je ferai,
« surtout en esprit de réparation, mes visites au
« Saint-Sacrement et mes exercices de piété... Je
« veux, avec votre sainte grâce, ô mon Dieu, vous
« aimer pour ceux qui ne vous aiment pas!!!... »

Elle écrivait, le 12 mai, seize mois après la consécration dont nous avons parlé : « Encore un ja-
lon, ô mon Dieu!... Déjà seize bordent ma route.
Combien y en aurait-il encore? Vous le savez seul,
ô mon Dieu, mais faites-moi cette grâce, que la
distance qui les sépare soit toujours pleine de bonnes œuvres! que ce mois, en particulier, soit tout
chargé d'actes de vertu. »

Les lignes suivantes furent écrites avant la fête du Très-Saint-Sacrement. *Préparation à la fête par excellence (Fête-Dieu).*

« Voici la grande fête qui approche, le jour du triomphe de mon Jésus caché... Je me réjouis, ô mon bien-aimé Maître, de toutes les démonstrations d'amour qui vont vous être prodiguées; mais moi, votre captive du tabernacle, moi, votre épouse de prédilection, je ne veux pas rester en arrière. Je veux, aidée de votre grâce et de vos mérites, convertir mon cœur en un reposoir magnifique. Je l'ornerai par l'attention à éviter toute espèce de faute; et, par l'application à mes devoirs et au renoncement, j'élèverai l'autel sur lequel vous viendrez reposer. Là, mon Jésus, je passerai, en entretien intime, toute la journée du 7; là, je vous adresserai mes supplications pour tout ce qui intéresse votre gloire... O bon Maître, préparez-moi bien, je vous en conjure... »

Elle écrivait, à la date du 4 mai, fête du Très-Saint-Sacrement. *Secret intime.* — « Il me l'a dit, il me l'a dit!... oh! j'ai découvert son secret!... Ce qui vous attire dans les âmes, ô mon bien-aimé Maître, c'est la pureté de cœur et l'humilité. Aussi comme je vais m'y appliquer! Tout à l'heure, collée sur votre cœur, je vous jurais, mon bon Maître, de ne pas commettre une seule faute volontaire d'ici à pareille époque l'année prochaine; et je vous renouvelle mon serment!... Et l'humilité!!!... Mon Dieu, non-seulement j'embrasse, plus que jamais, la vie cachée, pour honorer le silence profond et le secret incompréhensible où vous demeurez sous les espèces sacramentelles, mais encore, avec votre sainte grâce, je veux tâcher d'embrasser cette humilité pratique, qui m'interdira tout vain retour sur moi-même, qui me fera aimer à être comptée pour rien !!! Mon Jésus, je vous le promets, et vous le savez, c'est sincère : je me tiendrai plus que jamais à mon humble place, et, s'il m'arrive une humiliation quelconque, avec votre grâce, je la saisirai sans *tergiversation*... Que votre sainte volonté s'accomplisse toujours... Vous le savez, je ne veux plus autre chose qu'augmenter votre gloire et faire votre bon plaisir!! »

Elle écrivait vers le 12 juillet : « Le temps passe... il fuit rapidement et emporte avec lui mes journées plus ou moins vides. Mon Jésus, vous, qui, dans le tabernacle, êtes toujours le même et remplissez chaque seconde par des actes ineffables, accordez-moi la grâce que, d'ici au 15 août, chacune de mes journées soit une journée *pleine.* »

Quelques jours après celui où elle écrivit ces lignes, elle était atteinte d'une fièvre violente qui la clouait sur un lit de douleur.

La santé de notre chère Sœur Burdallet fut toujours extrêmement délicate ; mais, en 1862, elle s'altéra gravement. Et, au mois de juillet 1863, la fièvre typhoïde la mit, en quelques jours, aux portes du tombeau. Relevée à peine de cette maladie, on vit son affection au cœur se développer rapidement, et, bientôt, de terribles symptômes nous annoncèrent sa fin prochaine.

C'est pendant cette dernière crise, que nous pûmes apercevoir les grands progrès qu'elle avait faits dans la vertu. Au désir de guérir, qu'elle avait manifesté avec une persistance excusable à vingt-cinq ans, succéda une vive impatience d'aller se réunir à Dieu, et une joie inexprimable qui donnait à son visage l'expression d'une béatitude toute céleste!

Elle ne s'occupait que de Dieu, de ses intérêts et de sa gloire; et ses élans d'amour vers lui ravissaient tous les cœurs. Peu de temps avant sa mort, elle demanda qu'on chantât un cantique d'action de grâces, et elle supplia instamment la Mère Seconde, remplaçant auprès de son lit notre vénérée Mère de Solages, presque mourante elle-même, la permission de mourir pour aller se réunir à son Bien-Aimé. C'est dans les transports du divin amour, que cette jeune vierge, qui toute sa vie avait été infiniment jalouse de garder la pureté de son cœur, vit ses liens se briser, et elle alla chanter les louanges de l'Agneau immaculé! Elle avait vingt-cinq ans.

Mère Pauline BARTHÈS

> Dieu est le bouclier de ceux qui marchent dans la simplicité.
> (Proverbe x-9.)

Notre chère Mère Pauline Barthès, sœur de la Mère Marie Barthès décédée en 1862, a laissé dans notre communauté les plus doux, les plus précieux souvenirs.

Elle fut placée dans notre pensionnat avant l'âge de huit ans, et eut bien de la peine à se passer des affections de sa famille qu'elle pleura longtemps. Mais lorsqu'elle se fut accoutumée à la vie de pension, elle devint, dans toute l'acception du mot, un vrai lutin, parlant, riant, jouant sans cesse. Elle s'informait avant d'entendre la messe, si elle était de précepte ce jour-là, et n'était guère attentive que lorsqu'on lui répondait affirmativement. Telle elle fut jusqu'à l'âge de quinze ou seize ans. Mais elle se fit toujours chérir de toutes ses compagnes, par l'amabilité charmante de son caractère et par la naïveté, la simplicité et la droiture qu'elle conserva toute sa vie.

Notre chère Sœur allait aussi naïvement et aussi simplement à Dieu qu'aux créatures, et, quand elle n'avait pas été sage, ce qui arrivait fort souvent, elle écrivait une lettre au bon Dieu pour lui avouer ses torts et lui demander pardon. Ensuite elle se rendait dans l'avant-chœur, se plaçait sous le bénitier, comme une petite pénitente, et, là, elle redisait ses regrets au bon Maître, et écoutait sa voix qu'il lui semblait entendre au fond de son cœur. Un jour, une de ses maîtresses l'ayant trouvée à cette place, fondant en larmes, lui demanda la cause de ses pleurs : « Ah ! madame, répond la jeune Pauline, le bon Dieu me gronde ! »

Notre chère Mère Barthès suivit tous ses cours avec beaucoup de succès. Elle avait de grandes dispositions pour le dessin, une fort belle voix, qu'elle guidait avec un vrai talent, et qui rehaussa, pendant longues années, la pompe de nos cérémonies religieuses.

Lorsqu'elle eut terminé son éducation, elle resta un an au pensionnat, en qualité de sous-maîtresse, et entra au noviciat en 1851. Le 23 février de cette même année, elle était revêtue du saint habit de la religion.

Sa vocation ne fut pas une vocation d'attrait, et, pendant le temps de son noviciat, elle eut à lutter contre de violentes tentations, qui la poussaient à renoncer à un état de vie, vers lequel aucune tendance naturelle ne l'inclinait. Mais la raison et la foi lui disaient qu'elle sauverait plus facilement son âme dans l'état religieux, et cette pensée suffit pour la faire triompher de cette épreuve cruelle, qui dura jusqu'à la veille même de sa profession. (4 avril 1853.)

Après l'émission de ses vœux, elle ne ressentit plus que le bonheur de s'être consacrée à Dieu pour toujours, et ce bonheur croissait à mesure qu'elle connaissait davantage la vie religieuse. Dès son entrée en religion, comme dans les treize années qu'elle y passa, notre chère Mère Pauline Barthès fut, par son zèle, son dévoûment pour toutes les fonctions de notre institut, une vraie fille de Notre-Dame.

Sa charité était admirable et elle lui gagnait tous les cœurs. Tout le monde recourait à elle avec confiance, et on ne la vit jamais refuser un service qu'elle était à même de rendre. Son aimable gaîté, sa bonté parfaite faisaient le charme de nos récréations. L'influence que ses précieuses qualités lui avaient acquise sur tous les cœurs lui permettait de dire franchement leurs petits défauts à celles qui la priaient de les en avertir, et chacune recevait avec reconnaissance ces conseils ou ces avertissements qui, venus d'une Sœur chérie, produisirent souvent, sur les cœurs, les plus heureux effets.

Deux choses nous édifièrent surtout dans notre bien-aimée Mère Barthès : sa mortification et son amour de la vie commune, que nous pûmes admirer surtout dans les fréquentes crises d'asthme auxquelles elle fut sujette durant plusieurs années. Jusqu'au moment où les suffocations la réduisaient à un état de souffrance presque intolérable, elle s'efforçait de suivre les exercices de la communauté et de faire toutes les prières de règle.

Notre bien chère Mère Barthès avait un cœur grand et généreux, auquel étaient inconnues les mesquineries de l'amour-propre et les mille petites recherches de l'égoïsme. Elle savait s'oublier pour plaire aux autres et les obliger. Elle savait supporter en silence une contrariété, une humiliation, une épreuve, et, dans ces circonstances difficiles, on la trouvait toujours bonne, aimable, souriante.

On n'eut jamais à lui reprocher que l'excès de ses bonnes qualités, comme on le dit vulgairement; trop de bonté avec les élèves, qui l'aimèrent plus qu'elles ne la craignirent. Elle manquait de cette fermeté si essentielle, surtout quand on sait l'allier avec la bonté et la douceur. Néanmoins, comme notre chère Mère Barthès possédait pleinement l'affection de ses élèves, elle en obtenait quelquefois des efforts généreux qui les faisaient progresser dans la vertu.

L'instruction de notre chère Mère, son bon jugement, son intelligence la mirent à même de rendre d'importants services à la communauté comme procureuse, secrétaire, maîtresse de dessin et de diverses classes; emplois qu'elle exerça jusqu'à sa dernière maladie.

Ce fut dans ces jours de souffrances que notre chère Mère nous donna des preuves de son héroïque patience et de sa résignation à la volonté de Dieu qui lui demandait, à trente-trois ans, le sacrifice de sa vie ! Elle le fit généreusement, comme elle en avait fait tant d'autres, elle qui nous disait un jour avec sa charmante naïveté : « Je ne sais plus que donner au bon Dieu, je lui ai fait tous les sacrifices qu'il m'a demandés. »

Dieu voulait embellir l'immortelle couronne de cette âme si généreuse, en la soumettant, à la fin de sa vie, à d'atroces douleurs. Elle les endura avec amour et patience, et elle expira tandis qu'on faisait sur elle les saintes et dernières Onctions !

C'était le 30 octobre 1864. Elle avait treize ans de vie religieuse.

Thérèse BABEAU, compagne

> Ses angoisses d'autrefois sont livrées à l'oubli : je les ai fait disparaître pour jamais.
> (Isaïe, lxx.)

Née à Albi, le 3 mai 1803, notre chère Sœur Thérèse Babeau appartenait à une famille honnête et aisée de cette ville. Cette chère Sœur a donné un grand exemple de fidélité dans sa vocation. Après avoir fait près de trois ans de postulat, elle fut admise à la prise d'habit, le 2 février 1831, et ce ne fut que le 11 décembre 1834, qu'elle put prononcer ses vœux, à cause des difficultés survenues pour des arrangements de famille.

Notre chère Sœur Thérèse Babeau fut toujours extrêmement active et laborieuse, et elle faisait à elle seule le travail qui aurait suffi à occuper deux ou trois personnes.

Elle remplit toujours avec beaucoup de zèle les emplois qui lui furent confiés, et, lorsque la maladie la réduisit à ne plus pouvoir marcher, elle travaillait constamment, et on ne lui vit jamais perdre une minute du temps qu'elle avait toujours si bien employé.

Notre chère Sœur montra en tout temps aussi un fort grand amour pour la prière; et les derniers jours de sa vie, au milieu de son délire, elle priait sans interruption, par suite de l'habitude qu'elle en avait heureusement contractée !

Après avoir reçu tous les secours spirituels de l'Église, elle mourut dans la paix du Seigneur, le 12 février 1865. Elle avait soixante-deux ans, et en avait passé trente-quatre dans la vie religieuse.

Mère Joséphine SERPANTIÉ

> Je me suis faite toute à tous, pour les gagner tous à Jésus-Christ.
> (S. Paul, aux Corint., c. ix.)

Notre chère Mère Joséphine Serpantié, dont le nom sera toujours en vénération parmi nous, naquit à Campagnac (Aveyron), le 22 novembre 1815. Elle était nièce de la Révérende Mère de Rogéry, première supérieure de notre communauté, et petite-nièce de la Révérende Mère Duterrail.

Elle puisa dans sa respectable famille les sentiments religieux et les excellents principes qui furent plus tard le mobile de sa conduite.

Madame Serpantié chérissait avec tendresse ses nombreux enfants; mais, en leur prodiguant tous les soins qu'inspire la plus vive affection, elle savait retrancher de leur éducation toutes ces vaines et ridicules gâteries qui font, des enfants de nos jours, des êtres sans énergie et sans vigueur, incapables, bien souvent, d'une idée sérieuse ou d'un effort généreux. Chaque jour cette excellente Mère fixait à ses filles la tâche qu'elles avaient à remplir, et ce n'était qu'après qu'elles s'en étaient bien acquittées, qu'il leur était permis de prendre leur récréation habituelle.

Dès son enfance, M{ลle} Joséphine se fit remarquer par son caractère vif et enjoué. Ses réparties aimables et spirituelles entretenaient autour d'elle une douce gaîté. Elle aimait les divertissements permis et les innocentes parties de plaisir dont elle était l'âme. Elle montrait bien moins de goût pour la piété, et sa mère combattait en elle, mais sans succès, une grande ténacité de caractère. Nous disons, sans succès, parce que la jeune Joséphine était si adroite, qu'elle en arrivait presque toujours, malgré tout, à obtenir ce qu'elle avait souhaité.

Notre chère Mère Serpantié chérissait ses parents, et la vie de famille faisait ses délices. Les années de sa jeunesse s'écoulèrent partagées entre des occupations sérieuses et d'agréables passe-temps, et rien ne faisait présager qu'elle dût un jour abandonner le monde pour se consacrer tout entière à Dieu dans le cloître.

En 1833, elle obtint de venir passer quelque temps auprès de la Révérende Mère de Rogéry. Elle était accompagnée d'une de ses sœurs. Mlles Serpantié furent admises dans la communauté, menant une vie conforme à celle des postulantes, mais sans en avoir le titre. Bientôt la santé de Mlle Sylvie Serpantié, sœur de notre chère Mère, l'obligea de retourner dans sa famille, tandis que Mlle Joséphine y prolongea plusieurs mois encore son séjour. Tout ce qu'elle vit dans notre maison sut lui plaire, et, après avoir mûrement réfléchi, elle écrivit à sa famille pour demander l'autorisation de commencer son postulat. Cette demande imprévue mit tous les siens en émoi : quelques jours après, M. Serpantié venait redemander sa chère Joséphine et la ramenait chez lui où rien ne fut oublié pour faire changer sa détermination. Dès lors Mlle Serpantié se montra tout autre qu'elle avait paru d'abord dans sa famille. Son recueillement, sa modestie dans le lieu saint faisaient l'admiration de tous ceux qui la voyaient, et elle commença à mener dans le monde la vie d'une religieuse dans son cloître. Elle redemandait sans cesse, mais en vain, de rentrer dans l'Arche bénie dont elle avait dû sortir : pendant quinze mois encore, elle fut contrainte d'en vivre éloignée. Cette longue épreuve commençait à altérer gravement sa santé, lorsqu'on lui permit d'exécuter ses pieux desseins.

Elle rentra dans notre monastère en 1836, et, le 21 du mois d'août de la même année, elle était revêtue du saint habit. Après les épreuves d'usage, elle fut admise à la profession, le 21 novembre 1838.

Notre chère Mère Joséphine Serpantié se fit toujours chérir par l'amabilité charmante et la franchise de son caractère. Sa conversation spirituelle et saintement enjouée aurait déridé les fronts les plus sérieux, et elle faisait les délices de nos récréations. Notre chère Mère joignait à cette aimable gaîté, les qualités les plus solides : une grande énergie, un jugement droit et sûr, une bonté et un dévouement que chacun se plaisait à reconnaître en elle. Elle eut toujours un grand amour pour ses supérieurs, accompagné d'un respect profond pour l'autorité. Sa prodigieuse activité, son adresse pour toutes sortes d'ouvrages, son talent remarquable pour maintenir les élèves dans le devoir la rendirent extrêmement utile dans la communauté et les divers pensionnats. Ce fut surtout comme préfète de santé qu'elle donna, à ses Sœurs et aux élèves, des preuves de son admirable dévouement, de son savoir-faire et de sa bonté. Elle avait, pour chacune, les soins les plus intelligents et les plus maternels ; et, depuis la plus ancienne de ses Sœurs jusqu'à la petite fille de trois ou quatre ans qui venait faire souffler sur son petit doigt malade, toutes s'unissaient pour vanter, à l'envi, ses attentions délicates, ses soins empressés, sa bonté incomparable !

Jamais surveillante ne s'acquitta mieux qu'elle de son devoir, et jamais maîtresse ne posséda à un plus haut degré le talent de se faire, en même temps, craindre et chérir. Rien n'échappait à la justesse de son coup d'œil : elle ne laissait rien passer, et cependant sa surveillance ne fatiguait pas. Elle savait dire aux élèves les plus dures vérités sans les fâcher ni leur déplaire. Elle assaisonnait d'un éloge ou d'un mot aimable les plus énergiques corrections et les faisait recevoir ainsi avec reconnaissance. Les parents la vénéraient et la chérissaient comme leurs enfants, et chacun aimait à s'adresser à la bonne Mère dont le jugement, l'aimable franchise plaisaient à tout le monde et attiraient la confiance.

Elle était chargée de surveiller les anciennes élèves qui reviennent chaque année, en grand nombre, faire les saints exercices de la retraite avec les élèves actuelles. Ces jeunes filles, dont quelques-unes étaient déshabituées du règlement depuis plusieurs années, lui obéissaient avec la plus grande docilité. Lorsqu'elle était obligée de leur faire une observation ou de leur transmettre un ordre, elle le faisait toujours en y joignant une aimable plaisanterie : l'on riait et l'on obéissait plus facilement.

Notre chère Mère Serpantié fut toute sa vie soumise à l'épreuve de la maladie, et l'on ne se serait pas douté de ce qu'elle avait à souffrir en la voyant toujours aimable et continuant à vaquer à ses nombreuses occupations.

Le bon Dieu fit subir à cette âme si active une épreuve bien sensible : celle de se voir réduite à à une inaction complète. Une hydropisie qui nécessita bientôt des opérations cruelles, qu'elle supporta par obéissance à ses supérieurs, la cloua sur un lit de douleur pendant plusieurs mois. Ses souffrances atroces ne lui arrachèrent aucune plainte; et, la veille même de sa mort, elle égayait encore, par ses aimables saillies, celles qui lui prodiguaient leurs soins.

Toujours résignée au milieu de cruelles douleurs, parfaitement soumise à la volonté de Dieu qui l'affligeait, ne pensant qu'à Lui et aux choses de l'éternité, elle attendait avec calme le moment de la mort, qu'elle avait tant redouté toute sa vie. Les scrupules qui l'avaient longtemps fait souffrir s'étaient évanouis, toutes ses peines de conscience avaient disparu, et, heureuse au milieu de ses souffrances, elle expira paisiblement. C'était le 9 octobre 1865. Notre chère Mère Joséphine Serpantié était âgée de cinquante ans et avait vingt-cinq ans de vie religieuse.

O bonne Mère, si attentive à prévenir les besoins de vos Sœurs en oubliant vos propres souffrances, obtenez-nous de Dieu un généreux dévouement et une tendre compassion pour le prochain, afin que le Dieu de la charité nous accueille comme il a dû vous accueillir à votre entrée dans le cieux!

Sœur Marie TOURNADRE

> Voilà que je viens à vous que j'ai aimé, que j'ai cherché, que j'ai toujours désiré.
> (Office de sainte AGNÈS.)

Notre chère Sœur Marie-Louise Tournadre naquit le 4 juin 1843 à Ferrières, canton de Massiac, arrondissement de Saint-Flour (Cantal).

Elle était la quatrième des six enfants de M. Jacques-Auguste Tournadre et de Mme Marie-Elise-Rose du Saunier de Montservier. M. Tournadre était recommandable par ses sentiments profondément religieux ; et il joignait à ses convictions la pratique de tous les devoirs que la religion prescrit. Quant à Mme Tournadre, elle fut toujours vénérée comme une sainte par tous ceux qui la connurent, et, au milieu des épreuves et des croix de tout genre qui sont le partage des plus chers amis de Dieu, et qui, à ce titre, devaient être le sien, elle montra toujours une sublime résignation, fruit d'une héroïque vertu. Un vénérable ecclésiastique, vicaire général d'Albi et originaire de Saint-Flour, qui la visita souvent, entre autres à l'époque où une hydropisie cruelle la réduisait à une complète et pénible inaction, ne pouvait se lasser de vanter la dignité de son maintien, la douce majesté qui apparaissait en toute sa personne, et ce rayonnement de sainteté qui commandait le respect et inspirait à tous la plus grande vénération. Tous ceux qui voyaient cette noble dame éprouvaient les mêmes impressions et se plaisaient à la visiter, autant pour édifier leur âme, que pour apporter à cette vénérable et si intéressante malade des consolations et des marques de sympathie.

Mme Tournadre joignait à ces vertus une parfaite éducation et une rare délicatesse de sentiments, qui faisaient le charme des rapports qu'on avait avec elle. Dieu permit, pour récompenser sans doute les vertus de cette mère si sainte, que ses trois filles fussent consacrées à Dieu dans notre saint Ordre. D'abord sa fille aînée, religieuse de notre maison de Saint-Flour, puis notre chère Sœur Marie Tournadre, et enfin leur plus jeune sœur, religieuse dans notre maison d'Albi. Quelle belle couronne pour cette vénérable Mère! Tandis qu'elle jouit dans les cieux, auprès de sa fille bien-aimée, de cette Sœur que nous pleurons, de la récompense promise aux saints, et qu'elle moissonne dans l'allégresse, après avoir semé dans les pleurs, elle contemple, ici-bas, deux autres vierges, ses filles, qui s'efforcent, en marchant sur ses traces, d'arriver au même bonheur.

En louant Mme Tournadre, nous avons aussi fait l'éloge de notre chère Sœur, car celle-ci était, au moral, le portrait de sa mère dont elle était la benjamine et pour laquelle elle eut toujours un vrai culte de tendresse.

Notre chère Sœur montra, dès le berceau, le caractère le plus doux et le plus affectueux. Elle se distingua par la précocité de sa raison, et l'on peut dire qu'elle eut toutes les vertus de l'enfance : candeur, ingénuité, innocence, mais qu'elle n'en eut jamais les défauts. La petite Marie savait à peine marcher, qu'elle semblait comprendre les afflictions de sa bien-aimée mère, et qu'elle essayait de la consoler par ses enfantines caresses.

La douceur charmante qui la rendit toujours si aimable, n'avait pas pour cause une humeur apathique ou un caractère sans énergie, mais elle était la conséquence de son exquise bonté de cœur et d'une extrême délicatesse de sentiment qu'on admira aussi, nous l'avons dit, dans sa sainte mère. Chez l'une et chez l'autre, ces précieuses qualités, surnaturalisées par les principes de foi qui les animaient, leur firent pratiquer toujours parfaitement cette maxime d'un saint : *Souffrir de tout le monde et ne faire souffrir personne !*

Dans son bas-âge, notre chère Sœur suivait déjà, sans le connaître, cet excellent principe de la vie spirituelle. Sa sœur aînée, maintenant sainte religieuse de la maison de Saint-Flour, fut, dans son enfance, un vrai petit Duguesclin *en robe*, toujours battant, si ce n'est toujours battu. La douce et bonne petite Marie était l'objet perpétuel des taquineries, des vilains tours, et souvent même des coups de la batailleuse Adélaïde, et, quand on lui demandait pourquoi elle ne s'en plaignait pas à sa mère, elle répondait : « *C'est que cela fait de la peine à maman, et puis Adélaïde est bien assez souvent en pénitence !* » Ces traits suffisent pour caractériser cette aimable petite fille qui se montra toute sa vie telle qu'on l'avait connue dans son enfance.

Tandis que Mme du Saunier, unique sœur de Mme Tournadre, et religieuse de la Visitation de Saint-Flour, se chargeait de l'éducation de la turbulente Adélaïde, la jeune Marie, qui avait atteint sa septième année, allait égayer les loisirs de deux tantes très-âgées. C'étaient d'excellentes personnes, d'une société agréable et fort recherchée dans la petite ville d'Allanche qu'elles habitaient, mais parfois exigentes et grondeuses envers leur petite parente ; néanmoins, lorsqu'après six années elles rendirent à Mme Tournadre le trésor dont elle ne s'était privée si longtemps que pour de graves raisons, elles purent l'assurer que, malgré la sagacité dont elles se faisaient gloire, elles n'avaient pu surprendre en défaut que deux fois la jeune Marie. L'on rirait, s'il était permis de rapporter ici les deux griefs dont se plaignaient ces respectables dames ; griefs que bien d'autres auraient regardés comme des traits charmants de naïveté enfantine.

Revenue auprès de sa mère cruellement affligée par la mort prématurée de son plus jeune fils, et peu après par celle de son époux, cette chère enfant en devint l'ange consolateur par sa vive tendresse et son admirable dévouement. A l'âge de dix-sept ans, Mlle Adélaïde Tournadre, devenue une jeune fille modèle, entrait comme postulante dans la maison de Saint-Flour, et, deux ans après, des circonstances providentielles conduisaient sa jeune sœur dans notre monastère d'Albi (1858).

Elle n'avait encore que seize ans, lorsqu'elle fut présentée à notre bien-aimée Mère de Solages, par M. l'abbé Amiel, chanoine de Saint-Flour.

Admise au postulat, elle s'y fit chérir par les qualités précieuses de son esprit et de son cœur, et s'y montra, dès lors, comme un modèle accompli de la vie religieuse dans laquelle, à son âge, on s'essaie à peine à faire les premiers pas. Son humilité, que la Mère-Maîtresse assurait n'avoir jamais vu pratiquer plus parfaitement, même par les plus anciennes religieuses, la délicatesse de sa charité, sa régularité en toutes choses, sa parfaite modestie, son extrême délicatesse de conscience, la maturité précoce de son jugement, furent, dès cette époque, le sujet de l'admiration du noviciat et de la communauté tout entière. Une Mère, ancienne procureuse du pensionnat, qui, à cause de son état de souffrance, avait été obligée de se faire remplacer dans son office par notre chère Sœur, disait qu'elle n'avait jamais vu autant de raison et de savoir-faire, même dans un âge bien plus avancé.

Notre chère Sœur avait pris l'habit le 27 décembre 1858, et elle fit sa profession le même jour de l'année 1860. Ce fut quelque temps après sa profession que la maîtresse des novices disait qu'elle n'avait pu encore découvrir en elle un seul défaut.

Notre chère Sœur Tournadre fut employée au pensionnat comme maîtresse de classe et surveillante, et, malgré sa jeunesse, elle fut nommée procureuse.

On ne peut dire avec quelle perfection elle s'acquitta de ces divers offices. Elle sut se concilier l'estime et l'affection des élèves et de leurs parents, que ses emplois l'obligeaient de voir souvent au parloir. Les personnes qui l'avaient vue une fois seulement, ne pouvaient l'oublier, et elles se plaisaient à louer, en toutes circonstances, la noble simplicité de ses manières, son affabilité, son jugement si précoce.

Un grand nombre de traits, présents à notre mémoire, prouveraient combien elle avait su gagner l'estime, même des plus petites élèves.

Nous n'en citerons qu'un : une enfant de six à sept ans, remarquable par la précocité de sa raison, entendant un jour parler de l'humilité, s'écria tout à coup : « Ah ! que c'est beau l'humilité ! » La maîtresse, surprise de cette exclamation, interrogea la petite fille pour savoir d'elle ce qu'elle entendait par l'humilité : « Je ne sais pas bien, répondit-elle naïvement, mais je crois que c'est comme Mme Tournadre. »

Ce que cette petite fille concevait et expliquait à sa manière, nous le voyions toutes dans notre chère Sœur. Elle ne perdait aucune occasion de s'humilier, et sa délicatesse, sur ce point, était si grande qu'elle eut du scrupule d'avoir fait écrire en deux mots, comme il devait l'être, le nom de sa mère dont elle avouait ainsi la noblesse.

Celles qui furent ses compagnes au noviciat, se souviennent de toutes les industries qu'elle employait pour pratiquer la vertu qui lui était si chère.

Nous la vîmes venir un jour, dit l'une d'elles, faire humblement sa coulpe avec une grande feuille de papier à la main, et nous l'entendîmes, à notre grand étonnnment, réciter de longues litanies d'imperfections, d'irrégularités, de prétendues inconvenances qu'elle avait seule aperçues. Combien elle eût été fâchée si elle avait compris que toutes ses humbles accusations ne faisaient qu'augmenter la bonne opinion que nous avions de sa vertu et surtout de sa profonde humilité! Si elle savait faire humblement l'aveu des fautes qu'elle apercevait en elle, elle savait taire aussi bien ce qui pouvait lui attirer quelque gloire ; et elle ne parlait guère d'elle-même que pour essayer de faire partager aux autres les bas sentiments qu'elle avait de sa personne.

L'opinion qu'on avait de sa vertu inspirait en elle une grande confiance : « Pour ma part, assure une de ses Sœurs, beaucoup plus âgée qu'elle, je me serais ouverte à Sœur Tournadre, comme à ma bonne Mère elle-même. » Et ce qui augmentait la confiance qu'on avait en notre chère Sœur, c'était l'extrême discrétion qu'elle fit paraître toute sa vie, particulièrement dans son emploi de procureuse. Elle la pratiquait avec une telle simplicité que personne ne pouvait soupçonner qu'elle eût quelque secret à garder, et elle le gardait d'autant mieux par cela même.

Elle fut extrêmement fidèle à répondre aux inspirations de la grâce; elle y répondit quelquefois par les actes les plus généreux. Nous ne citerons qu'un exemple qui prouvera combien elle savait se vaincre elle-même. La vue d'une personne morte lui causait une extrême frayeur ; elle éprouvait le même sentiment en entrant dans le lieu où elle l'avait vu déposer, ou encore dans l'appartement où celle-ci avait rendu le dernier soupir ; on la vit cependant, après la mort récente d'une de nos Sœurs, entrer à la tombée de la nuit, dans la cellule où elle avait expiré, et réciter là toute tremblante son chapelet tout entier.

Notre chère Sœur avait le plus grand respect pour ses supérieurs ; elle les aimait d'une vive et toute sainte affection. La confiance qu'elle avait en eux était sans bornes, et, lorsqu'elle était sur son lit de mort, elle recommanda à sa jeune sœur, novice alors dans notre maison, d'avoir pour ses supérieurs une grande ouverture de cœur, en toute circonstance.

Que de chose n'aurions-nous pas à dire encore si nous ne craignions de dépasser les limites que nous avons dû nous prescrire ; mais nous ne pouvons taire les admirables exemples qu'elle nous donna, dans la maladie qui la ravit, si jeune encore, à notre communauté qui fondait justement sur elle les plus belles espérances.

Notre chère Sœur Tournadre avait été atteinte, dès son entrée dans notre maison, d'un commencement d'hydropisie. Des soins intelligents et dévoués conjurèrent ce mal, qui ne reparut plus ; mais, au commencement de l'année 1867, des symptômes de phthisie, accompagnés de douleurs au larynx, se manifestèrent chez elle. Toutes les ressources de l'art furent employées en vain, pour triompher de ce mal, et nous eûmes la désolante conviction de nous voir ravir bientôt cette bonne et bien-aimée Sœur.

N'était-elle pas d'ailleurs de ces âmes que Dieu ne fait que laisser entrevoir à la terre, et dont il semble impatient de faire cesser l'exil ici-bas, afin de les réunir aux esprits angéliques, qu'elles égalent par leur amour et leur céleste pureté !

Ce fut dans les longs jours de sa maladie, que nous pûmes admirer plus que jamais l'amabilité, la délicate charité et la mortification de notre chère Sœur. On la trouvait toujours paisible et souriante. Elle ne proféra jamais une plainte ; aussi combien celles qui lui prodiguaient leurs soins se trouvaient-elles heureuses de la servir et d'être à même de voir de plus près ses touchants exemples de vertu ; combien elle la pleurèrent avec nous, lorsque son âme s'envola vers les cieux !

On sait que les malades atteints de phthisie sont sujets à mille fantaisies, à mille désirs : notre chère Sœur n'en témoigna jamais, prenant ce qu'on lui donnait sans se plaindre et sans se montrer difficile ou chagrine. Sa bonne Mère-Supérieure, étonnée de ne l'entendre manifester aucune de ces envies, qu'on pardonne si volontiers aux personnes malades, lui ordonna de demander ce qu'elle pourrait souhaiter. Elle le fit tout simplement alors en assurant qu'elle n'avait eu aucun désir avant l'ordre de sa bonne Mère.

Ses derniers jours nous fournirent des preuves plus grandes encore de ses belles vertus. L'inflammation de son larynx la faisait horriblement souffrir, mais sans altérer la sérénité toute céleste qui rayonnait sur son visage. Dans ses longues heures d'insomnie, elle s'occupait de Dieu et lui offrait constamment ses souffrances. Elle disait, comme au jour de sa mort : « Je ne veux rien perdre de ces instants précieux ! » Plus elle avançait vers ses derniers moments, plus elle se montrait affectueuse et reconnaissante pour celles qui lui prodiguaient leurs soins, et pleine de délicates attentions pour sa bonne Mère qu'elle chérissait. Le matin du jour où elle expira, elle rappela trois fois de suite une des tourières qui la soignaient pour lui recommander de revenir bientôt la voir, et elle lui promit, en la remerciant de ses soins, de ne pas l'oublier dans le ciel !

Vers une heure de l'après-midi, on s'aperçut que sa respiration devenait plus pénible; on se hâta d'envoyer chercher M. l'Aumônier, et, comme on voulait se retirer pour la laisser seule avec lui : « Restez, dit-elle, je n'ai rien qui m'inquiète. » Bientôt après, on commença les prières de la recommandation de l'âme. Notre chère Sœur Tournadre s'apercevant de la présence de sa sœur, et voulant lui épargner le spectacle de sa mort, lui fit signe de sortir; celle-ci se contenta de changer de place; mais, notre chère Sœur, la suivant du regard, lui fit un second signe si expressif qu'elle ne put résister à ce muet commandement, et elle sortit en comprimant ses sanglots. Tandis qu'on récitait auprès d'elle les dernières prières, elle expira doucement, sans effort, sans agonie, pour aller recevoir la couronne qu'elle avait su gagner dans si peu de temps. Elle était âgée de vingt-quatre ans et en avait passé neuf dans la vie religieuse. C'était le 4 décembre 1867, troisième anniversaire de la sainte mort de notre bien-aimée Mère de Solages, dont celle de notre chère Sœur Tournadre fut le fidèle écho.

Sœur Caroline GUY

> *Apprenez de moi que je suis doux et humble de cœur.*
> (S. Mathieu, c. ii, v. 29.)

Notre chère Sœur Caroline Guy naquit à Saint-Pierre de Combéjac (Tarn), le 20 août 1835. Elle appartenait à une famille honorable et très-chrétienne. Elle était âgée de seize à dix-sept ans lorsqu'elle fut placée dans notre pensionnat, où elle passa deux ou trois ans. Elle s'y fit constamment remarquer par sa régularité, sa modestie et sa charité. Malgré son extrême timidité, elle se montra toujours remplie des plus délicates attentions envers ses maîtresses et ses compagnes elles-mêmes, qui vantaient ses bons procédés et admiraient sa vertu.

Entrée au postulat en 1856, elle fut admise à la prise d'habit le 27 juillet de la même année. Elle continua à édifier ses Sœurs par la pratique des vertus qu'on avait pu remarquer en elle pendant son séjour au pensionnat, surtout son humilité, sa charité et sa mortification. Elle se traitait si rudement elle-même, que, la première fois qu'on la vit s'asseoir au chœur, ses compagnes du noviciat se hâtèrent d'aller en avertir leur Mère-Maîtresse, l'assurant que notre chère Sœur Guy devait être malade puisque, contrairement à ses habitudes, elle s'était assise en faisant ses prières.

Quoique son extrême timidité la rendît peu propre à être employée auprès des élèves, elle montrait tant de vertu et s'appliquait avec tant de soin à accomplir les offices qu'on lui confiait, qu'on n'hésita pas à la présenter aux suffrages des Mères, qui furent unanimes à l'admettre à la profession ; et notre chère Sœur prononça ses vœux le 27 décembre 1858.

Un anévrisme nous l'enleva subitement, le 5 mars 1868, à l'âge de trente-trois ans et douze de religion.

Nous avons la ferme confiance que le Dieu qui aime les petits et exalte les humbles, l'a couronnée glorieusement dans les parvis éternels.

Mère Françoise LOUBIÈRE

Je vois le ciel ouvert.
(Actes des Apôtres).

Notre chère Mère Françoise Loubière naquit à Albi en 1802. Elle passa auprès de son honorable famille les années de sa jeunesse, qui s'écoulèrent dans la piété et l'accomplissement parfait de ses devoirs. Ce ne fut qu'après les plus vives instances, bien souvent renouvelées, qu'elle obtint l'autorisation d'embrasser la vie religieuse; et c'est à Toulouse qu'elle reçut le voile des mains de la révérende Mère Duterrail, le 22 septembre 1827 : elle était alors âgée de vingt-cinq ans. Huit jours après, notre chère Mère Loubière accompagnait, à Albi, les Mères destinées à la fondation de notre Monastère, où elle fut admise à prononcer ses vœux, le 27 mai 1830.

Une constante régularité et un remarquable esprit d'ordre caractérisèrent notre chère Mère Loubière pendant les quarante et un ans qu'elle passa dans la vie religieuse.

Elle fut longtemps employée aux classes gratuites, où elle se signala par la tenue irréprochable de sa classe et par le zèle qu'elle mit à communiquer à ses élèves son amour pour l'ordre et le travail. Elle se rendit très-utile à la communauté dans les emplois de dépensière et de lingère, qu'elle remplit, tour à tour, jusqu'au moment où l'aggravation de la maladie de poitrine et de l'affection au cœur dont elle souffrait depuis de longues années, la fit décharger de tout emploi.

Pendant ses longs jours de souffrance, notre chère Mère Loubière se fit remarquer par son exactitude à nos exercices spirituels auxquels elle joignait encore de nombreuses prières qu'elle faisait avec une grande ferveur. Une chose digne de remarque et qui nous édifia profondément, c'est que, plus elle avançait en âge, plus elle se montrait soumise à sa révérende Mère Supérieure, qu'elle ne quittait jamais, après les conférences spirituelles en usage parmi nous, sans lui avoir demandé humblement si elle n'avait aucune observation à lui adresser.

Notre chère Mère Loubière, sentant sa fin approcher, demanda elle-même les sacrements : elle les reçut avec une connaissance parfaite et la plus grande piété, et réclama ensuite d'une voix ferme, le pardon de la mauvaise édification qu'elle nous avait donnée, disait-elle, pendant les quarante et un ans qu'elle avait passés dans la communauté.

Jusqu'à son dernier soupir, elle conserva son esprit d'ordre et le plein usage de toutes ses facultés. Avec le même calme que s'il eût été question d'une autre personne, elle remit le nom et les adresses de ceux auxquels on devait communiquer sa mort, désigna le moment où elle voulait qu'on lui fît les prières de la recommandation de l'âme, et avertit pour qu'on annonçât, au son de la cloche, son agonie qu'elle sentait commencer. Peu d'instants après, elle exhalait paisiblement son dernier soupir.

C'était le 17 juillet 1868. Notre chère Mère Loubière était âgée de soixante-six ans.

Sœur Pulchérie BESSE

> Jésus-Christ est ma vie.
> (S. Paul aux Philipp., 21.)

Dieu seul fut toujours l'unique objet des affections et des pensées de notre chère Sœur Pulchérie Besse, étrangère à toute autre préoccupation que le salut de son âme et le désir de plaire à Celui qu'elle voulait pour Époux, pour soutien et pour unique récompense. Pendant les douze années de sa vie religieuse, elle se distingua par sa générosité constante envers Dieu, par sa grande mortification et par son amour de la vie cachée, à l'exemple du divin Maître qu'elle avait pris pour modèle en toutes choses.

Notre chère Sœur Besse naquit aux Nogairols, commune de Trévien (Tarn), le 30 juillet 1840. Ses parents étaient favorisés des dons de la fortune, et, ce qui est bien plus précieux encore, c'est qu'ils étaient sincèrement chrétiens.

Notre chère Sœur passa quelques années dans notre pensionnat, avec une de ses sœurs plus jeune qu'elle. Elle s'y fit remarquer plutôt par son excellent caractère et son application, que par ses progrès dans les sciences, pour lesquelles elle n'avait ni goût ni dispositions; mais elle montra, dès lors, des qualités plus estimables : un bon jugement beaucoup de discrétion et de bon sens, et une heureuse inclination pour la vertu.

Renonçant à de riches établissements, auxquels sa fortune la mettait en droit de prétendre, elle entra au postulat au mois de juin 1858. Elle fut revêtue des saintes livrées des fiancées de Jésus-Christ le 27 décembre de la même année, et prononça ses vœux le 27 décembre 1860.

Dès son entrée au noviciat, elle fit remarquer en elle un esprit vraiment religieux et une grande humilité qui la faisait se réjouir extérieurement de n'avoir pas de ces dons qui éclatent aux yeux des hommes, comme le dit le pieux auteur de l'Imitation, parce qu'elle espérait ainsi vivre inconnue et cachée, et n'attirer sur elle que les divins regards de son céleste Fiancé : ce qui fut, toute sa vie, l'objet de sa plus sainte ambition.

Le Dieu qui donne avec tant de profusion sa grâce à ceux qui, à son exemple, sont doux et humbles de cœur, favorisa sans doute cette âme de bien des faveurs. Elle eut au moins celles que bien peu de personnes savent apprécier, et qui sont ordinairement le partage des âmes d'élite : nous voulons dire les croix intérieures, les souffrances de l'âme, qui l'éprouvèrent cruellement pendant tout le cours de sa vie religieuse.

Qui pourrait dire les tourments de ce cœur, que toutes ses tendances attiraient vers Dieu, qui n'avait jamais eu d'autre ambition que de lui plaire, et qui s'en croyait repoussé à cause de ses offenses qu'elle s'exagérait à elle-même !

Tous les secours spirituels prodigués dans la religion devenaient, par la permission de Dieu, impuissants à calmer ses inquiétudes, ses scrules, ses tourments intérieurs. Elle assurait qu'elle ne comprenait rien aux décisions de son confesseur et de sa Mère Supérieure, et que leurs paroles n'apportaient aucune consolation à son âme qui souffrait un véritable martyre ! Il arrivait souvent, au milieu de ses épreuves, qu'elle ne pouvait se résoudre à s'approcher, dans l'Eucharistie, du Dieu pour lequel elle croyait être un objet de répulsion et d'horreur !... Les ténèbres involontaires, dans lesquelles son esprit était alors plongé, ont sans doute excusé en partie devant le Souverain Juge, sa résistance parfois trop opiniâtre aux volontés contraires de ceux qui la dirigeaient.

Si ce fut un défaut, ce fut le seul que l'on put remarquer en elle. Notre chère Sœur nous édifia, en effet, comme nous l'avons déjà dit, par la pratique constante de toutes les vertus religieuses. Son humilité était admirable et sa mortification continuelle en toutes choses. N'étant encore que novice, elle avait promis à Dieu, pour lui prouver son amour, de se mortifier en tout, comme le conseillent nos saintes Règles.

Malgré ses cruelles épreuves, notre chère Sœur Pulchérie Besse se montra toujours aimable et bonne à l'égard de toutes ses Sœurs, et rendit d'importants services à la communauté dans l'emploi de préfète des classes gratuites, qu'elle remplit avec beaucoup de succès, ainsi que dans l'office de seconde portière, où elle fit preuve d'un solide jugement, d'un tact parfait et d'une rare discrétion.

Aux souffrances morales de notre Sœur, se joignirent, à la fin de sa vie, les souffrances physiques qu'elle endura avec une grande patience et une parfaite égalité d'humeur.

Une attaque de paralysie générale, qui ne lui laissa aucun usage de ses facultés intellectuelles, la priva de recevoir la Sainte Eucharistie, et nous l'enleva après vingt-quatre heures de la plus pénible agonie.

C'était le 10 mai 1870. Cette chère Sœur, dont la mort causa dans notre communauté qui la chérissait, la plus profonde douleur, était dans la trentième année de son âge, et la douzième depuis son entrée en religion.

Mère Adèle BEAUPUIS

> Si vous recevez mes paroles, si vous gardez mes préceptes dans votre cœur, alors vous comprendrez la crainte du Seigneur et vous trouverez la science de Dieu.
> (Prov. ii, 1-5.)

Notre chère Mère Adèle Beaupuis naquit à Paris le 21 janvier 1826. Devenue orpheline de bonne heure, elle fut adoptée par une tante, sœur de sa mère, qui la plaça dans un des meilleurs pensionnats de la capitale. Mais elle perdit bientôt aussi cette seconde mère, et, restée sans soutien, la petite Adèle fut conduite dans un orphelinat de Paris, dirigé par les Filles de la Charité de Saint-Vincent-de-Paul, où elle resta jusqu'à l'âge de dix-huit ans environ. Là, elle apprit de ses excellentes maîtresses, dont son cœur reconnaissant garda le doux souvenir, à aimer et à craindre Dieu. Elles surent lui inspirer, en l'initiant aux notions les plus essentielles des sciences, l'amour du travail et du devoir. Sous la direction de ces bonnes Sœurs, notre chère Mère Beaupuis devint habile en toutes sortes d'ouvrages : ce qui la rendit fort utile plus tard dans nos divers pensionnats.

Présentée en 1850 à notre Mère de Solages, elle fut admise au postulat, reçut le voile le 23 février 1851, et fit profession le 4 avril 1853.

Notre chère Mère Beaupuis se fit remarquer par sa fervente piété, son respect pour les choses saintes et son grand amour pour la parole de Dieu. Elle mettait un soin extrême à la préparation de ses exercices spirituels qu'elle fit, jusqu'à ses derniers moments, avec une ferveur qui nous remplissait d'admiration.

Elle avait pour ses supérieurs la plus grande ouverture de cœur, et leur rendait compte de ses plus légers manquements, dont elle s'accusait avec une sainte colère contre elle-même.

Notre chère Mère Beaupuis avait un zèle ardent pour le bien des âmes et les progrès de notre saint Ordre; elle avait une grande dévotion à notre vénérable Mère fondatrice, qu'elle priait constamment d'envoyer de saintes ouvrières à la vigne du Seigneur.

Douée d'un excellent cœur, notre bien chère Mère se montrait pleine de reconnaissance pour ses supérieurs; et, dans la maladie qui la ravit à notre affection et qui la fit souffrir pendant plusieurs années, elle ne se lassait point de vanter la bonté, les doux soins, l'intérêt qu'on lui témoignait.

Cette bonne Mère avait une extrême sensibilité qui fut pour elle l'occasion de nombreux actes de vertu, et qu'elle travailla généreusement à dominer tout le temps de sa vie. Elle était d'une extrême candeur et d'une naïveté charmante, qu'elle conserva toujours, et dont les saillies nous égayaient souvent.

Elle se rendit constamment utile à la communauté dans les emplois de surveillante, de maîtresse de classe et surtout de maîtresse de toutes sortes d'ouvrages, dans lesquels elle excellait. Elle était si laborieuse qu'elle travailla jusqu'à la veille de sa mort.

Cette chère Mère nous édifia jusqu'à ses derniers instants par la grande piété que l'on avait toujours remarquée en elle et par sa dévotion pour la sainte Eucharistie.

Afin de n'être point privée du bonheur de recevoir Celui qui faisait toutes ses délices, elle descendit au chœur, presque mourante, pour se nourrir quelques fois de plus de cette divine nourriture.

Après avoir reçu tous les sacrements avec une ferveur vraiment céleste, elle mourut, comme elle avait vécu, dans les sentiments d'une vraie fille de Notre-Dame, le 7 juillet 1870. Elle était âgée de quarante-quatre ans et elle en avait passé dix-neuf dans la vie religieuse.

Sœur Marie DELMAS, novice

> Souffrir et être méprisé pour vous.
> (S. Jean-de-la-Croix.)

Cette sublime prière, exhalée du cœur brûlant d'amour du bienheureux saint Jean-de-la-Croix, était aussi celle que redisait à son Dieu l'âme aimante de notre chère Sœur Marie Delmas qui, à l'âge de vingt-trois ans et en dix-sept mois de noviciat, atteignit une perfection qu'on trouve bien rarement dans un âge avancé.

Notre chère Sœur Marie Delmas, née à Lacalm Tarn, le 7 février 1848, appartenait à une famille à laquelle Dieu avait donné, en même temps que les biens de la terre, les biens qui méritent le ciel : une foi vive et des sentiments vraiment religieux qui furent toujours le mobile de sa conduite.

Elle termina son éducation dans notre pensionnat, où elle sut se faire estimer et chérir en donnant des preuves des plus solides vertus. Elle était unie, par une sainte amitié, à une compagne d'enfance, à peu près du même âge, venue en même temps dans notre maison. Les deux amies s'excitaient mutuellement à bien faire en se communiquant leurs saints désirs et leurs pieuses aspirations vers la vie religieuse, où elles devaient toutes deux remplir, en peu de temps, selon l'expression de l'Ecriture, une longue carrière. Si nous parlons de cette amitié, c'est qu'elle fut de celles que Dieu approuve, que les saints conseillent et dont ils ont donné l'exemple : amitiés toutes célestes qui n'ont pour principe et pour fin que Dieu seul et qui doublent les forces de l'âme pour la faire marcher avec ardeur dans le sentier de la vertu.

Notre chère Sœur Marie Delmas ne put entrer au noviciat que deux ans après sa pieuse amie, au au mois de septembre 1869, et elle prit l'habit le 27 décembre de cette même année.

Toute jeune novice, notre bien-aimée Sœur Marie Delmas se fit remarquer par sa profonde humilité. Elle se croyait sincèrement incapable de tout bien et elle souhaitait, avec la même sincérité, que chacun partageât son opinion à cet égard. Elle ne perdit jamais une occasion de s'humilier. Aux pures lumières de la foi, elle découvrait dans son âme les plus légères imperfections et allait s'accuser humblement à ses supérieures de ses moindres manquements extérieurs, qu'elle eût été heureuse d'expier par les plus grandes humiliations et les pénitences les plus sévères.

A l'amour si vrai des humiliations, elle joignait celui des croix, et la souffrance que tant d'autres repoussent était les délices de son cœur. Comme les plus grands saints, elle l'appelait de tous ses vœux, elle en saluait l'approche avec transport et l'accueillait comme une tendre amie. « J'ai soif de souffrir, répétait-elle souvent. » Un jour, en balayant un corridor avec une autre Sœur du noviciat, elle redisait tout bas sa prière favorite. Celle-ci, se méprenant sur le sens des paroles de notre chère Sœur, lui offrit gracieusement de l'eau. Mais la sainte amante de la croix lui répondit simplement, avec un sourire : « Ah ! c'est de la souffrance que j'ai soif !!! »

En se mortifiant en toutes choses, elle essayait de calmer cette soif, que nous appellerons divine, puisqu'elle fut ressentie par le divin Maître lorsqu'il s'écriait : « Je dois être baptisé d'un baptême de sang. Combien je désire qu'il s'accomplisse. »

Elle eût été heureuse si ses supérieures, exauçant ses prières, lui avaient laissé pratiquer toutes les austérités dont elle trouvait des exemples dans les plus grands saints, et qui n'étaient point au-dessus de son courage et de sa mortification.

Pendant un carême, qu'elle faisait aussi rigoureusement qu'il était en son pouvoir, de clairvoyantes novices s'aperçurent qu'elle restait fort longtemps dans le lieu où, à la faveur des ténèbres, on prenait d'ordinaire la discipline. L'on en fit l'inspection, et, en le trouvant littéralement inondé de sang, on s'assura que notre chère Sœur abusait des permissions qu'elle avait reçues. La maîtresse des novices, avertie, mit des bornes à la mortification de notre chère Sœur, que la pensée d'avoir été decouverte affligea autant que l'interdiction qui lui fut faite de renouveler à l'avenir ses pieux excès.

On a dit que, lorsqu'on possède parfaitement une vertu, telle que l'humilité, par exemple, on possède aussi toutes les autres dont elle est le solide fondement. Cette vérité s'est réalisée pleinement dans notre bien-aimée Sœur, en laquelle on ne put jamais remarquer un seul défaut, et qui se distingua à la fois dans toutes les vertus religieuses.

Elle avait couru dans le chemin de la perfection; elle en avait atteint le terme; elle était mûre pour le ciel. Dieu appela, toute jeune encore, sa servante fidèle. Une maladie violente nous priva, en quelques jours, de ses admirables exemples?

Fidèle à son attrait pour la souffrance jusqu'au dernier moment, elle redisait aux infirmières, au milieu de cruelles douleurs : « Vous m'épargnez trop ! ne craignez pas de me faire souffrir ! » Son cœur, rempli d'amour pour son Dieu, ne s'occupait que de lui, et l'on s'aperçut que le délire, auquel elle était en proie, cessait lorsqu'on lui parlait des choses du ciel ! Elle reçut, avec une angélique ferveur, tous les secours de la religion, et, le 30 mai 1871, elle alla recevoir, des mains de Jésus et de Marie, qu'elle aima tant ici-bas, la récompense de sa fidélité et de son amour généreux ! Elle avait vingt-trois ans.

Mère Victoire BAYONNE

> Qu'elle est belle la race chaste, lorsqu'elle est accompagnée de la vertu !
> (Livre de la Sagesse, c. 4.)

Née à Albi le 5 novembre 1813, notre chère Mère Victoire Bayonne appartenait à une famille aisée et vraiment patriarcale. Les années qui précédèrent son entrée en religion, s'écoulèrent dans les exercices d'une dévotion fervente et dans la compagnie de personnes pieuses, qui partageaient ses pratiques et ses sentiments religieux.

Malgré sa piété et sa ferveur, notre chère Mère Bayonne ne se sentait aucun attrait pour la vie religieuse : elle voulait aimer Dieu, mais elle souhaitait demeurer au sein de sa famille, qu'elle chérissait, et où rien d'ailleurs ne l'empêchait de suivre ses saintes inclinations.

Cependant la grâce la sollicitait intérieurement d'embrasser une vie plus parfaite : Dieu voulait régner en maître absolu dans son cœur ; il voulait l'arracher à ces jouissances si pures et si douces de la famille, pour lui en faire goûter de plus saintes et plus délicieuses encore dans le cloître. Elle résista longtemps à cette voix intérieure, mais, lorsque après avoir consulté et beaucoup prié, elle fut certaine que Dieu l'appelait, elle ne voulut pas être rebelle à sa volonté, et entra dans notre Monastère où elle prit l'habit le 11 mars 1838, et fit profession le 11 mars 1840.

Dieu, content de son sacrifice, lui ôta ses répugnances; et, toute sa vie, elle ne cessa de remercier et de bénir le Maître divin qui l'avait *lui-même* choisie pour son épouse privilégiée.

Une tendre charité pour le prochain fut le caractère distinctif de la vie de cette bonne Mère, parfaite d'ailleurs dans toutes les vertus religieuses. Elle était d'une extrême délicatesse dans ses rapports avec ses sœurs afin de ne leur causer aucune peine, et prenait la plus vive part à tout ce qui leur arrivait d'agréable ou de fâcheux. Lorsqu'elle apercevait sur la physionomie de quelqu'une d'entre elles un nuage de tristesse, une expression de souffrance, cette bonne Mère lui disait les plus douces, les plus consolantes paroles, et offrait pour elle ses prières, ses actes de vertu.

Par esprit de charité, elle s'efforçait encore de nous égayer par ses naïves saillies. Peu lui importait que l'on rît à ses dépens, pourvu qu'on fût gaie et qu'on s'amusât. Dans les dernières années de sa vie, elle nous chantait de sa voix cassée, de vieux cantiques, dont la poésie ne faisait pas le principal mérite, et elle était heureuse lorsqu'une hilarité générale accueillait ces dévots, mais bien naïfs couplets.

Au premier rang des vertus que pratiqua toujours notre vénérée Mère Bayonne, nous pouvons compter la sainte pauvreté. Selon le conseil de nos saintes Règles, *elle la chérissait comme une mère*, et elle eût été heureuse d'en ressentir les effets. Elle recherchait, autant qu'il était en son pouvoir, ce qu'il y avait de plus vil pour elle-même. Elle recueillait, avec un soin extrême, un petit bout de fil, un petit morceau d'étoffe et mille objets que d'autres auraient regardés comme bons à rien et qu'elle savait utiliser.

A la pratique extérieure de la pauvreté, elle joignait la pauvreté d'esprit et de cœur. Elle aimait à être traitée comme le sont les pauvres, et n'estimait rien de trop bas pour elle. Ces sentiments, qui provenaient aussi de sa profonde humilité, se traduisaient à chaque instant dans sa conduite, dans ses paroles. Elle nous disait un jour que, lorsque notre bien-aimée Mère de Solages l'avait chargée de donner des leçons de lecture aux plus grandes élèves des classes gratuites, elle lui avait dit : « Apprenez-leur à lire mieux que vous ne lisez. » Cette bonne Mère, parfaitement obéissante, s'était efforcée d'atteindre ce but, et elle y était parvenue.

Dieu bénit toujours les travaux de cette âme si humble et si simple. Jamais maîtresse ne fit de meilleures élèves. Grâce à ses mille industries et à son rare savoir-faire, elle enseignait aux élèves bien plus qu'elle ne savait elle-même, prouvant ainsi que ce n'est pas toujours la maîtresse qui a le plus de talent qui forme les meilleures élèves, mais celle qui sait le mieux communiquer ce qu'elle possède, et qui se fait aider par Dieu, en le priant de féconder son travail entrepris par obéissance et fait avec humilité. Notre chère Mère Bayonne fut employée auprès de nos élèves comme surveillante et maîtresse de classe; mais ce fut principalement dans l'emploi de préfète des classes gratuites qu'elle signala son zèle et cette sainte habileté pour l'éducation des enfants. En leur faisant faire d'étonnants progrès dans leurs études, elle les formait à la vertu, et, par son calme imperturbable et son inaltérable patience, elle savait dompter les caractères les plus indociles et les plus violents, et se faire également respecter et chérir.

Notre chère Mère Bayonne remplit encore les offices de lingère, de dépensière et de portière, et partout elle fit éclater les vertus dont nous avons rapidement fait le tableau. C'est lorsque la maladie l'eut réduite à l'extrémité, que nous pûmes apprécier plus que jamais cette âme d'élite. Presque jusqu'à son dernier jour, elle descendit au chœur pour n'être point privée de son Bien-Aimé dans l'Eucharistie.

Malgré son état de faiblesse et de souffrance, elle priait avec une incroyable ferveur. La prière d'ailleurs avait toujours fait ses délices, et elle répétait souvent que, si elle était jamais privée de la vue, elle se trouverait heureuse d'employer tout son temps à s'entretenir avec son Dieu.

Une sainte mort couronna cette vie si sainte, et le 18 mai 1872, cette âme qui, à l'innocence la plus parfaite, avait su joindre la pratique des vertus les plus chères à son céleste Époux, alla recevoir de sa main la glorieuse et éternelle récompense! Notre chère Mère Bayonne expira tandis que le prêtre faisait sur elle la dernière des saintes onctions. Elle ne put recevoir le saint Viatique, mais elle avait fait la sainte communion l'avant-veille de sa mort.

Sœur Albine DÉLÉCOULS, compagne

> A Dieu ne plaise que je me glorifie en rien autre chose qu'en la croix de Notre-Seigneur Jésus-Christ.
> (S. Paul aux Gal., vi-14.)

Si, d'après l'expression de saint Paul, ceux que Dieu a aimés, il les a prédestinés à être semblables à Jésus-Christ, son fils, par les croix et les souffrances de tout genre, combien il aima notre bien-aimée Sœur Albine, éprouvée toute sa vie par la souffrance, et qui passa ses cinq dernières années clouée sur un lit de douleur, comme notre adorable Maître le fut sur le Calvaire!... Tout souffrit dans cette épouse d'un Dieu crucifié : le corps, en proie aux cruelles douleurs d'une névrose; l'imagination, qui lui représentait les plus sinistres tableaux, et qui lui faisait éprouver presque continuellement, et la nuit et le jour, les terreurs et les angoisses du plus affreux cauchemar ; le cœur et l'âme, éprouvés aussi par mille peines, rendues plus violentes par l'excessive sensibilité de sa nature exceptionnellement impressionnable.

Mais ces tourments du corps, de l'esprit, du cœur, de l'âme tout entière ne servirent qu'à faire éclater, aux yeux de la terre et du ciel, son héroïque vertu et son magnanime courage !

Elle ne formula jamais une plainte, et ne fit, dans l'excès de ses souffrances physiques et morales, d'autre prière que celle de Jésus au jardin de l'Agonie : « *Que votre volonté soit faite, mon « Dieu, et non la mienne !!...* »

Douée d'un rare esprit intérieur et d'une grande intelligence pour les choses du ciel, qui étaient constamment l'objet de ses réflexions et son étude, elle savait user, en chaque circonstance et dans chaque tentation, des moyens enseignés par les saints pour combattre contre les attaques de l'esprit du mal et avancer dans le chemin de la perfection. On aurait été étonné de trouver toute la science des saints dans cette âme si ignorante des choses du siècle, si l'on ne savait que Dieu se communique aux simples et aux cœurs fidèles, attentifs à la voix intérieure de la grâce !

Notre chère Sœur Albine Délécouls, éclairée par les pures lumières de la foi, méprisait toutes les vues, toutes les appréciations humaines, et jugeait des choses au point de vue de l'éternité. Une Mère pleine de charité, qui visitait assidûment chaque jour cette chère Sœur, et qui était habituellement éprouvée par la maladie, lui recommandait de prier pour elle lorsqu'elle serait au ciel. « Je ne vous oublierai pas, lui répondit notre chère Sœur, » et peu de jours après, elle lui dit : « J'ai bien réfléchi pour savoir ce que j'avais à demander pour vous au bon Dieu, et je suis résolue de le prier de vous faire beaucoup souffrir, parce que c'est ce qu'il y a de plus précieux aux yeux de la foi. »

Un jour, au temps où notre bien-aimée Sœur pouvait encore se lever, et qu'elle s'était traînée péniblement vers la fenêtre de sa cellule, elle aperçut les Sœurs compagnes qui s'apprêtaient à plier le linge d'une lessive étendu dans l'enclos. Elle sentit un vif désir de pouvoir se joindre à elles; mais elle entendit une voix intérieure qui disait : Ne faut-il pas que chaque chose se fasse? Ce qu'elle expliquait ainsi : « S'il faut que les emplois extérieurs s'accomplissent, ne faut-il pas aussi qu'il y ait des âmes uniquement occupées à offrir à Dieu la plus efficace de toutes les œuvres : la souffrance ? » Et, chaque fois que cette nature si active et si laborieuse ressentait quelque désir involontaire d'être délivrée de ses maux ou de travailler encore, en servant la communauté, elle se disait à elle-même cette parole si pleine de sens dans sa simplicité : « Ne faut-il pas que chaque chose se fasse? Mon office, à moi, c'est de souffrir! » Avant que la maladie la réduisît à l'inaction, notre chère Sœur Délécouls avait montré, dans les divers emplois qui lui furent confiés, un grand amour de l'ordre et du travail. Elle se distingua toujours par un esprit vraiment religieux et une régularité si parfaite, qu'une Mère ancienne assure qu'il eût été impossible d'y rien ajouter. Elle avait un si grand zèle pour l'accomplissement de la règle, que la vue de la moindre infraction sur quelqu'un de ses articles affligeait profondément son cœur.

Notre chère Sœur Délécouls aspirait, de toute l'ardeur de son âme, vers l'instant où elle serait réunie pour toujours à son Dieu. Ce fut dans les plus admirables dispositions et dans les transports d'une sainte joie, qu'elle vit approcher la mort qui devait la mettre en possession des biens éternels et du Dieu pour lequel elle avait tant souffert!

Elle expirait, après avoir reçu tous les sacrements de l'Église, le 28 octobre 1872. Elle était âgée de cinquante-sept ans, et en avait passé vingt-sept dans la religion.

Sœur Virginie PONS

> Le Seigneur est ma force et ma gloire ; il est devenu mon Sauveur.
> (PSAL. CXVII-14.)

Notre chère Sœur Virginie Pons, née à Estène, commune de Fayssac (Tarn), le 3 août 1838, appartenait à une famille de riches propriétaires, chez laquelle la foi et la vertu sont comme héréditaires, et qui a su s'attirer l'estime et l'affection de toute la contrée qu'elle habite, par son respect pour la religion, sa charité universelle et sa conduite vraiment exemplaire.

Souvent dans l'année l'on voyait toute cette respectable et nombreuse famille s'approcher de la Sainte-Table, avec une ferveur digne des premiers siècles de l'Église, et donner aux yeux du monde le spectacle si rare aujourd'hui d'une famille sincèrement chrétienne et pleine de vertu.

C'est auprès de ses vertueux parents que notre chère Sœur Pons fut initiée aux saintes pratiques et aux devoirs que prescrit la religion.

Vers l'âge de dix à onze ans, elle fut placée dans le pensionnat du Bon-Sauveur d'Albi, où elle fit sa première communion.

Après avoir passé cinq ou six ans dans cette sainte maison, elle se sentit appelée à la vie religieuse et demanda à devenir la compagne de celles qui avaient été ses maîtresses et l'avaient formée à la vertu. Elle fut admise au postulat, à Albi, et envoyée ensuite à la Maison-Mère de Caen pour y faire son noviciat. Mais Dieu, qui voulait cette chère Sœur dans notre monastère, permit que sa santé s'altérât gravement : elle fut obligée de rentrer dans sa famille où elle passa trois ans environ. Dans son séjour auprès des siens, elle fut pour tous tous ceux qui l'entourèrent, un sujet constant d'édification par sa piété fervente et son admirable charité : les pauvres, les domestiques recouraient constamment à elle et l'appelaient la bonne demoiselle. Après avoir rempli les devoirs que lui imposait la vie de famille, elle disparaissait tout à coup, et l'on était toujours assuré de la retrouver priant dans sa chambre ou dans l'église du village.

La vie tout adonnée à la dévotion et aux bonnes œuvres qu'elle menait dans le monde, ne suffisait pas à sa piété : elle était constamment poursuivie par le désir de se donner entièrement à Dieu ; et, pour répondre aux saintes inspirations du ciel et étudier encore sa volonté, elle demanda à venir passer quelque temps dans notre pensionnat d'Albi.

Admise parmi les élèves, en 1862, elle se soumit à tous les points du règlement comme la plus jeune d'entre elles, et les édifia par sa régularité, son obéissance et cette charité qui charma toujours les rapports qu'on eut avec elle. Elle savait s'accommoder à leur humeur et s'en faire, en même temps, aimer et respecter.

Après avoir passé deux ans dans notre pensionnat, elle reconnut que Dieu l'appelait dans la Compagnie de Notre-Dame, et elle demanda à être admise au noviciat. Elle s'y fit remarquer par la pratique des vertus que nous avons déjà signalées, et surtout par son obéissance, qui eut tous les caractères que saint Ignace décrit si bien dans l'admirable lettre que ses enfants conservent comme le précieux héritage de leur saint et bien-aimé Père.

Notre chère Sœur Pons fut admise à la prise d'habit le 26 décembre 1865, et à la profession le même jour de l'année 1867.

Comme la plupart des âmes saintes, notre chère Sœur Pons fut éprouvée, pendant les dernières années de sa vie, par de continuelles peines intérieures et par des scrupules qui la firent beaucoup souffrir; mais ces peines furent pour elle une occasion de mérite puisqu'elle y fut constamment fidèle à Dieu et pleine de soumission à l'égard de ceux qui la dirigeaient.

Les tourments intérieurs de cette chère Sœur ne l'empêchèrent point de remplir parfaitement son emploi de maîtresse auprès de nos plus jeunes élèves. Elle eut toujours un tact particulier pour maintenir dans le plus grand ordre les nombreuses petites filles qui lui étaient confiées, et un talent remarquable pour leur communiquer les premiers éléments des sciences.

Pendant la maladie qui la ravit à notre affection, notre chère Sœur montra une patience inaltérable, une amabilité charmante et une constante charité.

Plusieurs jours avant sa mort, elle reçut le saint Viatique et l'Extrême-Onction. Nous n'oublierons jamais l'expression de bonheur avec laquelle elle nous salua lorsque nous la quittâmes après la triste mais bien touchante cérémonie dans laquelle on venait de lui prodiguer tous les secours de la religion. Son doux sourire semblait dire : Je possède le Viatique pour le grand voyage ; je puis partir maintenant... Au revoir au ciel !

Presque jusqu'aux dernières heures de sa vie, le démon continua contre elle ses furieuses attaques. Mais les paroles pleines de foi et d'amour de Dieu par lesquelles elle repoussait les tentations de l'ennemi du salut, nous édifièrent profondément et nous donnent l'assurance qu'elle sortit victorieuse du terrible combat qui ne servit qu'à embellir son immortelle couronne.

Notre chère Sœur Virginie Pons rendit sa belle âme à Dieu le 22 août 1872, dans la trente-cinquième année de son âge, et la huitième depuis son entrée en religion.

Sœur Justine ROLLAND, compagne

> Je la conduirai dans la solitude,
> et je parlerai à son cœur.
> (Osée, ii-14.)

Notre chère Sœur Justine Rolland, prévenue dès son enfance des plus précieux dons du ciel, appartenait à une famille dont tous les membres étaient de fervents chrétiens. C'étaient de simples propriétaires, vivant du produit d'une ferme qu'ils faisaient eux-mêmes valoir. S'ils n'avaient point en abondance les biens de la terre, ils possédaient les trésors qui font les saints, et ils surent en faire part à la petite Justine qui apprit, auprès de ses vertueux parents, à pratiquer toutes les vertus chrétiennes.

Notre chère Sœur naquit au Beyrou (Tarn), le 30 septembre 1829. Elle avait à peine six ans qu'elle faisait ses délices de la prière. Son plus grand bonheur, à cet âge, était d'assister aux saints offices de l'Eglise ; et elle n'était jamais aussi heureuse que lorsqu'on la conduisait au pied des autels.

Elle passa tout le temps qui s'écoula, avant son entrée en religion dans une grande innocence et dans la plus fervente piété. Elle disait naïvement un jour à une de ses supérieures, qu'elle avait toujours aimé le bon Dieu autant qu'il avait été en son pouvoir. Toute jeune encore et instruite par le ciel, qui se plaît à communiquer ses lumières aux âmes simples et candides, elle s'exerçait à la mortification et à la pratique de toutes les autres vertus, dont elle devait donner toute sa vie de si admirables exemples.

Dieu désirait être l'unique partage de cette âme d'élite ; mais, pour rendre plus méritoire le sacrifice qu'elle allait faire de tout ce qui lui était cher, il permit que, malgré son ardente piété, elle ne se sentît aucun attrait pour cette vocation qu'elle comprenait être la sienne.

Notre chère Sœur Rolland, répondant à la voix intérieure qui l'appelait, vint frapper à la porte de notre Monastère, qu'elle devait embaumer du parfum des plus belles vertus.

Après un postulat de près de deux ans, notre chère Sœur fut admise à la prise d'habit le 16 mai 1864.

Les tentations les plus violentes contre sa vocation ne cessèrent de la tourmenter pendant tout le temps de son noviciat. Elle avoua à sa Mère-Maîtresse qu'en voyant la porte de clôture s'ouvrir pour donner passage aux élèves, elle se disait : « Que ne puis-je sortir aussi comme elles ! » Malgré ses désirs involontaires de quitter la vie religieuse, cette chère Sœur, captive par amour pour son Dieu, voulut resserrer encore les liens qui l'attachaient à lui et fit sa profession le 21 novembre 1866.

Pour faire le portrait de notre chère Sœur, il faudrait énumérer toutes les vertus religieuses qui éclatèrent en elle dans toute leur perfection : nous nous contenterons de parler de celles qui la caractérisèrent spécialement, et d'abord de son esprit d'oraison.

La prière fut, durant toute sa vie, son élément et son bonheur. Elle priait sans cesse, et il était facile de comprendre, en la voyant toujours grave et profondément recueillie, que ses occupations n'interrompaient pas ses saints colloques avec le Bien-Aimé qui était l'unique objet de ses pensées et de ses affections !

Le dimanche et les jours de fête, elle passait au chœur tout le temps que ne réclamaient pas ses offices, et là, immobile, perdue en Dieu, elle lui offrait ses ferventes prières. Elle lui demandait pardon pour ceux qui l'outragent; et on la vit faire le Chemin de la Croix jusqu'à cinq ou six fois dans un jour, afin d'obtenir la délivrance des âmes du Purgatoire.

Son amour pour le Dieu qu'elle se plaisait tant à prier lui faisait étudier avec soin ce qui pouvait lui plaire davantage pour l'exécuter sans retard. Sa question habituelle, dans ses conférences avec sa maîtresse des novices ou sa supérieure, était celle-ci : « Ma Mère, qu'y a-t-il de plus parfait ? » Et rien ne semblait lui coûter pour marcher dans la voie de la plus haute perfection et pour procurer plus efficacement la plus grande gloire de Dieu.

La mortification et la pauvreté de notre chère Sœur étaient poussées jusqu'aux dernières limites. Elle avait prié les officières de lui donner, et pour la nourriture et pour le vêtement, ce qui ne pouvait pas servir aux autres, et elle se trouvait très-heureuse lorsqu'on accomplissait quelqu'un de ses désirs.

Elle laissa, neufs encore, l'habit et le voile qu'on lui avait faits pour sa profession, et porta toujours des vêtements usés, mais dont la propreté était irréprochable.

Notre chère Sœur Justine Rolland donna constamment des preuves de la plus profonde humilité, d'une parfaite obéissance et d'une admirable modestie. Tout son extérieur, parfaitement réglé en tout temps et en toute circonstance, faisait deviner les vertus intérieures de son âme ; elle donnait, à tous ceux qui la voyaient, la plus haute idée de sa sainteté.

L'épreuve de la maladie ne fit que faire éclater davantage sa vertu. Au milieu de cruelles souffrances, elle conserva ses habitudes de prière et de mortification. Pas une plainte ne s'échappa de ses lèvres ! Elle était heureuse d'unir ses douleurs à celles de son Époux bien-aimé, mourant sur la croix du Calvaire.

Elle reçut avec une incomparable piété le saint Viatique et l'Onction des mourants. On la vit, malgré ses souffrances, s'unir à toutes les prières qu'on faisait autour d'elle ; et, quelques minutes encore avant sa mort, elle faisait son grand signe de croix avec un respect et une dévotion qui touchaient profondément nos cœurs.

Ce fut le 4 mai 1874 que notre chère Sœur Justine Rolland rendit paisiblement son âme à son Dieu. Elle était âgée de quarante-cinq ans et en avait passé dix dans la religion.

Le céleste Epoux de son âme lui faisait la grâce qu'elle lui avait demandée par une mortification égale à celle dont les saints nous fournissent l'exemple : *la grâce de mourir saintement*. Après s'être privée de toute jouissance humaine et terrestre, elle fut mise en possession, pour jamais, nous l'espérons, de l'ineffable bonheur des cieux !

Sœur Rosalie AUREL

> La mort m'est un gain.
> (Philipp., 1-21.)

Notre chère Sœur Rosalie Aurel naquit à Donnazac (Tarn), le 18 mai 1848. Ses parents, riches propriétaires, étaient recommandables par les sentiments religieux qu'ils surent inspirer à leurs enfants qui devinrent d'excellents chrétiens.

Notre chère Sœur Aurel entra dans notre pensionnat avec sa vertueuse amie Sœur Marie Delmas, dont nous avons parlé plus haut. Elle était douée du plus heureux caractère et d'un jugement solide, qui lui concilièrent à la fois l'affection de ses compagnes et la confiance de ses maîtresses, dont elle fut l'auxiliaire intelligente.

Après avoir terminé son éducation avec succès, elle fut admise au noviciat, et quelques mois après, le 27 décembre 1867, elle fut revêtue des saintes livrées de la religion. Elle prononça ses vœux le 27 décembre 1869.

C'était une âme droite, allant simplement à Dieu sans scrupule, sans minutie, sans raffinement et sans intermittence de dévotion. Elle s'appliquait constamment à étudier la volonté de Dieu pour la suivre en toutes choses avec une entière générosité.

La Règle était son bonheur et sa vie : aussi l'observait-elle avec une rare perfection ; elle n'en lisait jamais un article sans le baiser avec un profond respect. La sainte pauvreté était une de ses vertus favorites, et ce fut dans l'emploi de lingère qu'elle nous donna des preuves de son grand amour pour cette vertu. Elle travailla avec une constante assiduité pendant tout le temps de sa dernière maladie, où elle se taxait encore, et jusqu'à la veille de sa mort. Non-seulement elle ne perdit jamais une minute de son temps, mais elle engageait les autres, avec bienveillance et délicatesse, à ne le point perdre. Elle se servait pour cela de mille industries : ainsi elle avait toujours soin, en se rendant au lieu de la récréation, de se pourvoir de plusieurs ouvrages commencés, afin d'en fournir à celles qui n'en étaient point munies. Elle montra aussi dans cet emploi une grande prévoyance, une prodigieuse mémoire et une complaisance qui ne fut jamais en défaut.

Par esprit d'humilité, notre bien chère Sœur Aurel savait taire tout ce qui aurait pu lui attirer l'estime. Elle se plaisait, au contraire, à dire ce qu'elle croyait capable de lui enlever la considération. Étant encore au noviciat, elle ne se contentait point d'aller demander une pénitence à sa Mère-Maîtresse, pour ses manquements extérieurs, mais elle les avouait encore à la Révérende Mère Supérieure et les redisait dans les coulpes en usage parmi nous.

La prudence, le bon esprit, la rectitude de jugement de notre chère Sœur, en la rendant propre à remplir d'importants emplois, avaient fait concevoir à ses supérieurs les espérances les mieux fondées.

Outre l'office de lingère, qu'elle remplit à la grande satisfaction de la communauté, elle fut aussi employée comme maîtresse de classe et aide-portière. C'est dans ce dernier office que nous pûmes admirer, plus que jamais, son extrême discrétion, sa prudence, sa complaisance et son égalité d'humeur.

On ne put jamais apercevoir sur sa physionomie le moindre signe de mécontentement ni d'impatience, et tous ceux qui la voyaient s'en retournaient également édifiés de son affabilité, de sa politesse et de son empressement à satisfaire leurs désirs.

Dieu, qui se plaît à semer la croix sur les pas de ses élus, voulut soumettre la vertu de notre bien-aimée Sœur à une cruelle épreuve : ce fut la violente maladie d'un de ses frères, dont elle était marraine, et qu'elle chérissait tendrement. Elle offrit généreusement à Dieu le sacrifice qu'il semblait lui demander. Dieu se contenta de son acceptation. Le jeune homme, conduit jusqu'aux portes du tombeau, guérit malgré toutes les prévisions contraires. Néanmoins, la santé de notre chère Sœur qui commençait à s'altérer, reçut une grave atteinte par suite des craintes si grandes qu'elle avait conçues.

Sa forte constitution la fit lutter bien longtemps contre une maladie de poitrine, survenue à la suite d'une pleurésie ; et, pendant près de trois ans, elle nous donna, dans cette épreuve, les plus beaux exemples de patience et de touchante résignation. On ne l'entendit jamais faire la plus légère plainte, montrer la moindre exigence et témoigner même un désir. Elle s'unit à nous dans les nombreuses neuvaines que nous fîmes pour demander sa guérison, que nous souhaitions ardemment ; mais avec une telle conformité à la volonté de Dieu, que leur peu de succès la laissa calme et paisible... « J'ai beaucoup prié, disait-elle, après la dernière neuvaine que nous avions faite à Notre-Dame-de-Lourdes ; la sainte Vierge n'a pas voulu me guérir : je suis résignée ; je n'ai plus qu'à me préparer à la mort. » « Je suis contente, disait-elle à sa Mère Supérieure, je ne suis entrée en religion que pour mieux me préparer à rendre mes comptes à Dieu ; j'ai obtenu la grâce que je souhaitais. »

Elle voyait approcher la fin de sa vie, non-seulement avec un calme et une résignation admirables, mais encore avec un ineffable bonheur.

Quoiqu'elle fût bien souffrante à l'époque de notre retraite annuelle, rien ne faisait présager sa fin prochaine ; mais son mal fit tout à coup d'effrayants progrès. Elle demanda les derniers sacrements : M. l'Aumônier, absent, fut suppléé dans son ministère par le R. P. Jésuite qui nous donnait les saints exercices.

Notre bien-aimée Sœur, pour se présenter plus pure devant Dieu, voulut lui faire une confession générale, qu'elle fit, en effet, avec son calme et sa lucidité ordinaires. Elle reçut ensuite le saint Viatique et les Onctions des mourants. Le saint religieux qui l'assista jusqu'à ses derniers instants, ne pouvait se lasser de redire combien il était profondément touché de ses admirables dispositions. « Elle est vraiment perdue en Dieu, disait-il, et toutes les facultés de son esprit, toutes les puissances de son âme sont comme déifiées. »

Lorsqu'on parlait de la mort en sa présence, un ineffable sourire illuminait son visage ; et, comme l'exilé qui entrevoit sa patrie après une longue absence, elle saluait déjà le ciel avec transport. Au milieu de notre douleur, nous éprouvions comme un rejaillissement de la joie toute céleste qui débordait de cette âme sainte !

Avec le calme le plus parfait, elle pria une de nos Mères d'écrire à sa tante immédiatement après son décès, afin qu'elle pût venir assez tôt pour assister à la cérémonie de sa sépulture. Notre chère Sœur se voyait mourir peu à peu. « Ma Mère, disait-elle à une de ses supérieures, je n'y vois plus... Je n'entends plus... » Rien ne troublait la sérénité de son âme. A chaque instant elle baisait avec amour son crucifix, et, prenant de l'eau bénite, qu'on avait placée auprès d'elle, elle faisait le signe de la croix avec la plus tendre dévotion. Jusqu'à ses derniers instants, elle fut parfaitement unie à Dieu, et elle expira, sans agonie, le 9 août 1874. Son visage, décoloré par la mort, portait l'empreinte d'une joie toute céleste, et ses lèvres, souriant encore de leur dernier sourire, semblaient répéter les paroles qu'elle avait dites le jour de ses fiançailles avec l'Époux des Vierges : « Je vois l'objet de mes désirs, je possède celui de mes espérances, je suis unie dans les Cieux à celui à qui j'ai consacré sur la terre tout mon amour, toutes mes affections ! »

Sœur Jeanne LEBRUN

> Qui montera sur la montagne du Seigneur ? qui demeurera dans son sanctuaire ? Celui qui a les mains innocentes et le cœur pur.
> (Ps. XXIII, v. 3 et 4.)

Notre chère Sœur Jeanne Lebrun, qui appartenait à une famille très-honorable, naquit à Marssac (Tarn), le 8 juin 1845.

Toute jeune encore, elle fut placée dans notre pensionnat et y demeura jusqu'à l'âge de dix-huit ans. Après quelques jours de vacances passés dans sa famille, elle entra au postulat le 8 septembre 1864, et fut admise à la prise d'habit le 21 novembre de la même année. Elle prononça ses vœux le 21 novembre 1866.

Notre chère Sœur Lebrun, qui ne connut jamais le monde, passa sa vie dans la plus grande innocence et ignora même ce qui aurait pu en ternir l'éclat. Elle se fit toujours remarquer par sa piété, par son extrême douceur et l'aménité de son caractère, qui la firent chérir en communauté comme au pensionnat. La bonté de son cœur lui faisait trouver le plus doux plaisir à obliger les autres, et chacun recourait à elle en toute confiance, assuré qu'on n'essuierait jamais un refus.

Notre chère Sœur Lebrun nous édifia par sa pieuse résignation dans les peines les plus sensibles. Lorsqu'il plût à Dieu d'éprouver cruellement sa famille par la maladie et la mort de deux de ses frères, elle se montra parfaitement soumise à son adorable volonté, et ne chercha qu'en lui seul des consolations à sa grande douleur.

Parmi les qualités précieuses qui distinguèrent cette Sœur, nous devons signaler son grand esprit d'ordre et son extrême propreté.

Notre chère Sœur Lebrun avait peu de goût pour les sciences, mais elle était fort adroite et se rendit fort utile à la communauté comme maîtresse d'ouvrage. Elle montra aussi un très-grand dévoûment dans l'office de surveillante, qu'elle exerça depuis son entrée en religion. La grande complaisance de notre chère Sœur la rendait toujours prête à suppléer celles d'entre nous que leurs indispositions ou toute autre cause empêchait de vaquer momentanément à leurs emplois ordinaires. On peut dire que la plus grande partie de son temps fut remplie par cette œuvre de charité.

Notre chère Sœur Lebrun avait une voix d'une suavité toute céleste qui impressionnait doucement tous ceux qui l'entendaient dans notre chapelle.

Cette chère Sœur, qui avait toujours eu un tempérament très-délicat, fut atteinte d'une maladie de poitrine, que la faiblesse de sa constitution rendit bientôt incurable, et qui la ravit trop tôt à notre affection.

Calme et paisible à l'heure de la mort, comme elle l'avait toujours été pendant sa vie, elle rendit à Dieu, dans la plus douce paix, son âme innocente et pure (27 septembre 1874), à l'âge de vingt-neuf ans dont huit ans de religion.

Celui dont elle avait si bien et si souvent chanté les louanges sur la terre, l'admettait à mêler sa douce voix aux concerts divins, avec les vierges ses sœurs !

Sœur Marie DEJEAN

> Votre vie est cachée en Dieu avec Jésus-Christ, mais, lorsque le Christ apparaîtra, vous apparaîtrez aussi avec Lui dans sa gloire !
> (S. Paul aux Colossiens, ch. III et IV).

Telle pourrait être la devise de notre chère Sœur Marie Déjean, décédée dans notre communauté le 14 novembre 1874, âgée de trente ans, après nous avoir édifiées par la pratique de toutes les vertus religieuses, et, particulièrement, par son amour de la vie cachée.

Dans sa famille, distinguée tout à la fois par sa naissance, les charges qu'elle occupe, sa parfaite éducation et surtout ses principes religieux, elle prit de bonne heure des habitudes vraiment chrétiennes, pleines de régularité, d'ordre et de justice, qu'elle conserva toute sa vie.

Elle avait environ six ans lorsqu'elle fut placée

dans notre maison. Dès son entrée au pensionnat, la petite Marie se fit remarquer par son intelligence précoce et par la douceur charmante de son caractère. Rien d'extraordinaire ne signala les neuf ou dix années d'études de notre chère Sœur. Malgré sa sagesse, sa piété et ses succès, on se rappelle, avec étonnement, qu'elle passait presque inaperçue. Tandis que beaucoup d'élèves, qui lui étaient inférieures, se faisaient une petite renommée dans le pensionnat, la jeune Marie semblait commencer, dès lors, à s'appliquer à cette vie cachée qui devait avoir pour elle tant de charmes, et qui fut le caractère distinctif de sa vertu.

Dès son enfance, comme toute sa vie, elle montra une extrême rectitude de jugement et un grand amour de l'ordre et de la justice, ce qui nous faisait dire, quand elle fut religieuse, qu'elle avait le caractère intègre et consciencieux des magistrats que tout le monde estime et vénère si justement dans sa famille.

De retour auprès des siens, après les jours de son éducation, Mlle Déjean en fut la consolation et la joie. Pleine de douceur et de bonté, et douée du cœur le plus affectueux, elle prodiguait à ses parents, tant aimés et si dignes de l'être, toutes les marques de la plus vive tendresse. Elle exerça aussi sur ses frères et sur ses sœurs la plus douce influence. Ils recouraient tous à elle comme à une seconde mère, recevant ses leçons et ses conseils avec une affection mêlée de respect. Aussi sut-elle mériter, dans toute l'acception du mot, le doux nom d'*Ange de la famille,* dont on se plaisait à l'appeler. Elle continua, pendant les trois années qu'elle passa dans le monde, une vie pleine de piété et de régularité, qu'elle allia parfaitement avec les convenances de la société, peu nombreuse, mais choisie, au milieu de laquelle elle était obligée de vivre, et en goûtant tous les charmes de la vie de famille, qu'elle chérissait comme elle chérit plus tard la vie de communauté.

Lorsque notre chère Sœur fit part à M. et à Mme Déjean de sa vocation religieuse, elle ne les vit point s'y opposer, quelque pénible que fût pour leur cœur la pensée de la séparation d'avec leur fille bien-aimée. M. Déjean lui demanda seulement de réfléchir une année encore, après laquelle, si ses résolutions n'avaient point changé, il la conduirait lui-même au couvent. Et c'est ce qu'il fit, au temps et au jour marqué, avec la loyauté qui le caractérise.

Ce ne fut point sans un grand déchirement de cœur que Mlle Déjean dit adieu à sa famille où elle se trouvait *si bien*, nous disait-elle souvent avec effusion ; mais elle avait répondu avec générosité à l'appel du Bien-Aimé de son cœur, et elle ne cessa jamais de répéter combien elle était heureuse de s'être donnée à Lui et de l'avoir choisi pour l'unique part de son héritage.

Comme on le pense, la communauté, avec laquelle elle avait toujours conservé les plus intimes relations, fut heureuse de la recevoir dans son sein ; et, dès son entrée dans notre monastère (31 octobre 1865), la jeune postulante réalisa toutes les espérances qu'elle nous avait fait concevoir.

Sa régularité en toutes choses, sa charité, son esprit intérieur, sa simplicité, ses égards pour toutes et pour chacune, étaient l'objet de notre admiration. Elle était toujours la première à accomplir les ordres des supérieures, et les offices les plus humbles étaient ceux qu'elle semblait remplir avec le plus de goût et d'empressement.

Chargée d'abord de la huitième classe du pensionnat, elle s'en acquitta avec un soin, une vigilance et un succès qui satisfirent également et ses supérieures et les parents des élèves, qui, longtemps après, la mettaient au nombre des meilleures maîtresses qu'avaient eues leurs filles.

Pleine de modestie, malgré ses connaissances variées sur toutes les branches de l'enseignement, ses grandes dispositions pour le dessin et sa remarquable intelligence, on ne l'entendit jamais dire la plus petite parole à sa louange ou se faire valoir de quelque manière.

Comme les âmes les plus humbles et les plus ferventes, elle n'ambitionnait que ce qui peut rebuter ou contrarier l'amour-propre. Au noviciat, si on l'eût laissée faire, elle se serait constituée la servante de celles même que leur âge ou leur degré plaçait au-dessous d'elle.

Elle se montrait toujours prête à suppléer les

maîtresses empêchées momentanément, de remplir leurs emplois. Dieu seul sait le nombre des actes d'abnégation et de renoncement qu'elle accomplit en mille circonstances ; et, sans l'attention vigilante des supérieurs, elle aurait fait, à elle seule, tout ce qu'il y avait de pénible ou de contrariant pour la nature.

Quand elle avait pu saisir quelque occasion de ce genre, qu'elle regardait comme une bonne fortune, elle ne laissait en aucune manière apercevoir la violence qu'elle se faisait, et semblait trouver tout naturel que ce fût elle, et non pas une autre, qui se privât d'une satisfaction ou d'un délassement bien permis.

Après avoir été chargée, pendant plusieurs années, de la huitième classe du pensionnat, elle fut choisie pour faire la seconde. Elle accepta simplement et modestement le nouvel emploi qui lui était confié, et les succès de ses élèves furent dignes tout à la fois, des vertus et des talents de la maîtresse. Dans tous ses emplois, notre chère Sœur se montra toujours pleine de délicatesse à l'égard de ses Sœurs. Elle fut, toujours et partout, une leçon vivante d'amour du devoir et de régularité. Et, pour ne citer qu'un seul exemple, une de nos Sœurs se rappelle qu'ayant eu à lui demander une chose, nécessaire, elle ajouta ensuite quelques paroles en dehors du sujet. « Ma Sœur, lui dit alors notre chère Sœur Déjean, avec le ton le plus aimable, il me semble qu'en continuant à parler nous pourrions nous exposer toutes deux à manquer au silence. » — « Je me retirai, ajoute cette Sœur, aussi édifiée de son amour de la règle que de son exquise charité. »

Malgré ce que nous avons dit de son affection pour sa famille, notre bien-aimée Sœur se conduisait toujours avec le détachement d'une parfaite religieuse. Elle ne multiplia jamais ses lettres, ne chercha pas à se procurer des visites, et, en conservant sans doute, pour tous ceux qui lui étaient chers, les sentiments que la plus pure vertu ne saurait réprouver, elle sut vivre détachée de tous et de toutes choses, se souvenant que notre Époux sacré est jaloux de toutes les affections des vierges qu'il s'est choisies pour épouses !

Son amour de la pauvreté était extrême. Elle n'eut jamais que les objets qui lui étaient nécessaires ; tout ce qui était à son usage portait le cachet de la plus grande simplicité, et tout son luxe consistait dans la plus grande propreté. Sa cellule, ses cahiers, les livres dont il lui était permis de se servir, étaient dans un ordre parfait et semblaient être l'image de son intérieur, si parfaitement réglé en toutes choses.

Rien n'égalait son amour, son respect et sa filiale soumission pour ses supérieurs. Un seul mot de leur part dissipait ses doutes et aplanissait ses difficultés. Tout ce qui venait d'eux était reçu par elle comme un oracle du ciel. Que de fois nous l'avons entendue vanter leur prudence, leur jugement, leurs soins et leur tendre charité! Personne ne se serait permis de formuler devant elle la plus légère plainte, la moindre critique; et les élèves elles-mêmes, quelquefois si portées au murmure dans leurs petites contrariétés, l'estimaient trop pour oser lui faire part de leurs mécontentements, même contre la dernière de ses Sœurs.

Une chose que nous avons encore admirée dans notre chère Sœur, c'est sa parfaite résignation à l'époque de la mort d'un de ses frères qui, atteint d'une fièvre typhoïde, au retour de notre désastreuse guerre de 1870, vint expirer dans les bras de sa famille désolée. Il était mort en saint, et sa sœur bénissait, en pleurant, la main de Dieu qui l'avait frappée dans une de ses plus chères affections. Alors, comme toujours, la douleur des siens fut sa plus cruelle épreuve; mais cette croix si pesante n'était pas capable de faire faiblir sa générosité et son héroïque vertu. Elle resta calme et paisible, et ne parla guère de sa peine qu'avec le Dieu qu'elle voulait pour unique consolateur.

Depuis neuf ans, notre bien-aimée Sœur nous donnait l'exemple des plus grandes et des plus douces vertus : humilité, modestie, charité inaltérable, obéissance parfaite en toutes choses, régularité exemplaire à tous les instants, amour sincère de la vie cachée, à l'exemple du divin Ouvrier de Nazareth, tels étaient, en un mot, les traits caractéristiques de la vie que notre chère Sœur menait au milieu de nous, lorsqu'elle fut atteinte de la maladie qui devait nous la ravir.

Sa santé, qui avait été constamment bonne depuis son entrée en religion, s'altéra tout à coup, et, malgré tous les soins qui lui furent prodigués, nous jugeâmes bientôt que le mal résisterait à tous les efforts de l'art. Avec quelle douleur nous vîmes s'évanouir toutes les espérances que les vertus de notre chère Sœur, la rectitude parfaite de son jugement, son intelligence rare, son instruction variée et sa parfaite éducation, nous avaient fait concevoir! Hélas! nos cœurs éprouvèrent alors une de leurs plus cruelles épreuves, et les bons exemples que continuait à nous donner notre chère Sœur dans sa longue maladie, rendaient encore plus poignante la certitude où nous étions de nous en voir bientôt séparées.

Plus que jamais, nous pûmes admirer son obéissance, son esprit intérieur et sa régularité. Pour condescendre aux désirs de sa bonne Mère, elle lui rendait un compte exact de tout ce qu'elle éprouvait, se conformait avec ponctualité à toutes les prescriptions qui lui étaient faites, sans écouter jamais son goût et les capricieuses idées qui viennent si souvent tourmenter les pauvres malades. Elle recevait les soins qu'on lui donnait avec la plus vive reconnaissance, qu'elle ne se lassait pas d'exprimer en toute occasion. Elle vantait constamment le dévoûment et les attentions délicates de ses supérieures, des infirmières, de la Sœur chargée de la dépense, et se plaisait à redire que la famille la plus affectionnée n'aurait pu lui donner plus de soins et de marques d'affection. Ayant appris un jour que la mère d'une de nos Sœurs, très-malade aussi à cette époque, avait demandé d'envoyer à sa fille les plus beaux fruits de son jardin, et des liqueurs et des sirops qu'elle avait elle-même préparés, elle dit confidemment à une Mère : « Mes parents croiraient faire injure à la communauté en faisant une pareille demande; d'ailleurs, je ne n'accepterais rien de leur part; nous avons certes au delà de ce qu'il nous faut, en fait de soins et d'attentions ! »

Tout le temps de sa maladie, notre chère Sœur nous édifia par son exactitude à ses exercices spirituels; exactitude qu'elle avait montrée pendant tout le cours de sa vie, et qui était d'autant plus admirable qu'elle ne fut jamais favorisée des consolations si douces dont Dieu se plaît à inonder certaines âmes, et qui sont un si grand excitatif à leur générosité. La raison, la vertu et non le sentiment dominaient alors, comme toujours, chez elle : ce qui *devait être, c'est ce qu'elle voulait, et qu'elle savait pratiquer courageusement et constamment*, ne cherchant d'autre satisfaction que celle de faire l'adorable volonté de son Dieu !

Un seul trait prouvera combien elle fut fidèle à ses règles jusqu'à ses derniers jours : « J'avais été demander à notre bonne Mère, dit une de nos Sœurs, d'aller causer avec elle, pendant une demi-

heure où elle se trouvait habituellement seule :
« Ma Sœur, me dit-elle, quand je lui en fis la proposition, je ne me sens pas assez malade pour enfreindre la règle du silence. Je m'entretiens avec Dieu, je ne m'ennuie pas ; mais si plus tard j'ai besoin de cette distraction, j'accepterai votre offre avec reconnaissance. »

Combien de bonnes religieuses auraient cru pouvoir accepter cette exemption capable d'adoucir de pénibles instants de souffrance !

Comme on a pu en juger, notre chère Sœur Déjean nous a donné les plus édifiants exemples dans les jours où elle pouvait s'associer à tous nos travaux et à l'époque où la maladie la réduisit à l'inaction ; mais elle devint plus admirable encore aux derniers instants de sa précieuse et trop courte existence ! Ce fut alors que son union avec Dieu devint plus intime. On voyait qu'il avait été l'unique objet de ses affections et de ses désirs, aussi aucune de ses paroles ne trahit-elle une préoccupation humaine et terrestre.

Plus que jamais alors, notre chère Sœur nous donna des preuves de son exquise charité. Elle accueillait celles qui venaient la visiter avec le plus gracieux sourire. Sa physionomie prenait surtout la plus douce expression lorsque notre bonne Mère se rendait auprès d'elle. « Que je suis heureuse, disait-elle, notre bonne Mère vient me voir toutes les fois qu'elle passe près de l'infirmerie ! — O ma bonne Mère, lui dit-elle, un jour, que d'heureux instants j'ai passés dans la vie religieuse ! Aucune de mes Sœurs ne m'a jamais fait de peine ! » Et comment aurait-on pu en faire à celle qui était si constamment attentive à n'en causer à personne !

Pendant les derniers jours de sa maladie, M. Déjean, conseiller depuis plusieurs années à la Cour d'Appel de Toulouse, où il résidait avec toute sa famille, vint à Albi. Il avait déjà fait à Dieu, avec l'héroïsme d'un généreux et fervent chrétien, le sacrifice de sa fille bien-aimée, de celle qu'il appelait son ange, et qui n'avait jamais été pour lui qu'un sujet de consolation et de joie.

Notre chère Sœur ne pouvant plus quitter l'infirmerie, il ne demanda pas à la voir une dernière fois : se conformant ainsi à nos saintes règles, qu'il respectait, et aux désirs de sa fille, qui sacrifiait généreusement à Dieu, comme nous devons toutes le faire d'ailleurs, la consolation de dire à son père ses derniers adieux et de recevoir sa paternelle bénédiction !

Comme la Mère Supérieure redisait à notre chère mourante, ce qu'elle avait pu voir déjà dans les admirables lettres de sa famille, que tous étaient parfaitement résignés à la volonté de Dieu : — « Ah ! dites à mon bien-aimé père que sa résignation console mon cœur ! Dites-lui que je n'oublie aucun des miens et que je prie pour eux ! »

Notre chère Sœur demanda les derniers sacrements et les reçut avec sa piété ordinaire. Son âme en éprouva une grande consolation. Selon nos saints usages, après avoir demandé pardon à la communauté de la mauvaise édification qu'elle croyait lui avoir donnée, elle renouvela les sacrés engagements auxquels elle avait été si fidèle !

L'heure de la dernière agonie était arrivée. Elle fut longue mais paisible, et, sauf les quelques instants de délire causés par la faiblesse, elle conserva presque jusqu'au dernier soupir le libre usage de toutes ses facultés. Elle priait sans interruption, elle baisait à tout instant avec effusion le crucifix qu'elle portait sur elle, et lorsqu'on cessait de lui suggérer des actes de contrition ou d'amour ou des aspirations saintes, elle les répétait sans s'interrompre un instant. Sa seule plainte dans ces heures d'angoisses fut celle-ci : « Mon Dieu, ayez pitié de moi ! je n'en puis plus ! » Comme on lui disait de faire à Dieu le sacrifice de sa vie, elle répondit vivement : « Il est fait ! » Jusqu'au dernier instant, elle ne cessa de donner des marques de son extrême charité et aussi de son affectueux respect pour sa bonne Mère. Au moment où elle lui faisait les prières de la recommandation de l'âme, s'apercevant sans doute de son émotion, elle dit : « Remplacez notre bonne Mère, faites-la asseoir... elle se fatigue trop ! »

Elle avait demandé un crucifix rapporté de Rome et auquel le Souverain Pontife a attaché l'indulgence *in articulo mortis*. Elle y appliquait continuellement ses lèvres. Ce fut dans ces saints embrassements et reposant, comme le disciple de l'amour, sur le cœur de son Bien-Aimé, que cette vierge fidèle exhala le dernier soupir d'une vie entièrement consacrée au service et à la gloire de Celui dont elle allait chanter éternellement le cantique, cantique sacré que les Épouses de l'Agneau sans tache peuvent seules redire en le suivant partout où il va !

Notre chère Sœur Déjean, qui avait pris l'habit le 26 décembre 1865 et fait profession le 26 décembre 1867, avait passé neuf ans dans la vie religieuse.

Sœur Marie-Antoinette PILLÉ

> Tirez mon âme de la prison où elle gémit, afin que je bénisse votre nom.
> (Ps. CXLI, v. 10.)

Notre chère Sœur Marie-Antoinette Pillé naquit à Lavaur (Tarn), le 21 novembre 1843. Elle appartenait à une estimable famille de cette ville. Sa pieuse mère sut lui inspirer de bonne heure les sentiments chrétiens qui l'animaient : aussi notre chère Sœur mena-t-elle toujours dans le monde une vie régulière et pieuse. Les vingt-trois années qui précédèrent son entrée en religion n'offrent aucune particularité remarquable. Entrée dans notre monastère en 1866, elle fut admise à la prise d'habit le 21 novembre de la même année, et fit profession le 1ᵉʳ juin 1869.

Notre chère Sœur se fit remarquer par son zèle et son dévouement pour toutes les fonctions de notre saint Institut, et par beaucoup de savoir-faire et d'habileté pour communiquer aux plus jeunes élèves, auprès desquelles elle était employée, les premiers éléments des sciences. Elle était douée d'un cœur excellent, ce qui lui faisait trouver un vrai plaisir à rendre service à ses Sœurs qui n'avaient jamais à redouter un refus lorsqu'elles réclamaient d'elle quelque acte de complaisance.

L'extrême vivacité de caractère de notre chère Sœur Pillé et sa nature très-impressionnable furent pour elle la source d'incroyables efforts; et, si l'on put apercevoir souvent des saillies de caractère qu'elle répara parfois avec beaucoup de générosité, combien aussi Dieu et ses anges n'ont-ils pas eu à compter de nombreux et d'héroïques actes de vertu !...

En 1874, notre bien-aimée Sœur fut affligée par une toux opiniâtre qui résista à tous les remèdes et qui dégénéra en une sorte de pulmonie accompagnée d'une affection au larynx.

En 1875 le mal ayant empiré, il fallut la décharger de tout emploi, ce qui l'affligea sensiblement. Elle se résigna néanmoins à faire à Dieu ce sacrifice, en conservant l'espérance, que nous ne partagions pas, de se voir bientôt en état de reprendre ses chères occupations auprès des élèves qu'elle aimait tant.

Cependant l'inefficacité complète de tous les soins qu'on lui prodiguait dissipa une partie de ses illusions, et alors un terrible combat se livra dans son âme entre le désir de guérir, inspiré par la nature, et la volonté de se soumettre à ce que le Maître souverain pouvait exiger d'elle. Combien de fois alors, remplie de ces terribles appréhensions de la mort, dont n'ont pas été exempts quelquefois les plus grands saints, elle revenait involontairement sur le sacrifice si pénible de sa vie, qu'elle avait fait plusieurs fois généreusement à Dieu !...

Cependant, dans les derniers mois de sa maladie, toutes ses craintes cessèrent ; ses répugnances furent changées tout à coup en un extrême désir d'être unie à son Dieu. Elle s'entretenait avec calme de son dernier passage et nous édifiait toutes par la joie qui débordait de son cœur et se répandait sur son visage. Sa patience devint admirable : pas une plainte ne s'échappait de ses lèvres, quand elle était en proie aux plus cruelles douleurs.

La mort la plus sainte mit fin aux longues souffrances de notre chère Sœur. Elle conserva jusqu'au dernier moment le plein usage de ses facultés, fit de tendres adieux à celles de ses Sœurs qui la veillaient, et, après avoir répété, avec une pieuse expression, ces saintes paroles : « Mon Dieu, je suis *toute, toute* à vous, » elle exhala paisiblement son dernier soupir, le 9 mars 1876. Notre chère Sœur Pillé était âgée de trente-trois ans, et en avait passé dix dans la vie religieuse. Elle avait reçu avec une grande pitié tous les secours spirituels que la religion prodigue à ses enfants à leur passage du temps à l'éternité.

Mère Joséphine VIGUIER

> J'écouterai ce que le Seigneur
> me dira au fond du cœur.
> (Ps. LXXXIV, v. 9.)

Notre chère Mère Joséphine Viguier naquit à Tapie, domaine de ses parents, situé dans le canton de Villefranche (Tarn), le 4 décembre 1840. Sa famille, recommandable par la pureté de sa foi et ses sentiments vraiment religieux, jouit, à juste titre, de la considération universelle. De onze enfants de M. Philippe Viguier et de Mme Justine de Latour, sœur de la Révérende Mère de Latour, supérieure de notre communauté d'Albi, quatre se sont exclusivement consacrées au service de Dieu, qui fit large part à notre monastère en lui donnant, avec notre chère Mère Joséphine Viguier, deux autres de ses sœurs qui nous sont également chères,

Issue d'une famille de saints, notre bien-aimée Mère Viguier devait en augmenter le nombre et la gloire par les vertus fortes et solides, qui font les parfaits chrétiens, les enfants de Dieu, les vraies religieuses, et qui donnent des droits au plus précieux des héritages.

Cette enfant privilégiée passa les treize premières années de sa vie auprès de ses vertueux parents, partageant avec ses frères et ses sœurs les leçons d'une institutrice, demeurant dans sa maison, et à laquelle M. et Mme Viguier avaient confié la première éducation de leurs enfants.

La jeune Joséphine, à l'école de la plus pure vertu, sut se montrer docile aux leçons et aux exemples qui lui étaient donnés. On la vit dès lors pratiquer cette piété sincère qui devait la distinguer toute sa vie. Éclairée par les lumières de la foi, qui lui faisaient regarder, avec raison, le péché comme le plus grand de tous les maux, elle conserva toujours sa conscience pure. Ceux qui la virent dans sa première enfance, comme ceux qui eurent le bonheur de la voir plus tard, sont convaincus qu'elle ne ternit jamais le lis si pur de son innocence, et qu'elle s'est présentée à l'Époux des Vierges, avec la blanche robe de son baptême, rehaussée de tout l'éclat des vertus religieuses.

Entrée dans notre pensionnat d'Albi, à l'âge de treize ans environ, elle s'y distingua par sa piété solide, la fermeté de son caractère, le sérieux de son esprit et la rectitude de son jugement. Par sa régularité et son application, elle fut toujours le modèle de ses compagnes, en général, et des Enfants de Marie, en particulier, dont elle fut présidente durant les dernières années de son séjour au pensionnat.

Elle avait peu de goût pour les sciences, mais elle excella toujours dans tous les genres d'ouvrages manuels, ce qui la rendit plus tard très-utile à la communauté.

La sagesse, la régularité et la ferveur de la jeune Joséphine la rendaient un utile auxiliaire de ses maîtresses pour conduire au bien ses jeunes compagnes. Beaucoup d'entre elles l'avaient choisie pour leur ange visible et recevaient, avec une sorte de respect, ses pieux avis et ses petites remontrances. Une d'elles l'assurait, il y a peu de temps, qu'elle lui devait ce qu'elle appelait sa conversion. Elle exerçait dès lors un véritable apostolat, mais sans bruit, sans emphase et se rendant à peine compte à elle-même du bien qu'elle opérait.

Fidèle à toutes les pieuses pratiques qu'on suggérait aux élèves, elle était aussi pleine de zèle à les faire observer. Elle s'appliquait à multiplier ses actes de vertu. Elle avait même demandé à la maîtresse qui s'occupait de la direction spirituelle des élèves, de l'exercer à l'humilité et au renoncement. Celle-ci profitait avec une sainte adresse de toutes les occasions de la mortifier et de l'humilier en public, et celles qui furent alors les compagnes de notre chère Mère, assurent qu'on ne lui vit jamais laisser échapper une seule de ces précieuses occasions où elle pouvait offrir à Dieu une preuve de son amour pour lui.

Dès sa plus tendre enfance, notre chère Mère n'avait senti d'inclination que pour les choses du ciel. Et le Dieu qui occupait ses pensées et son cœur lui inspira de bonne heure de se donner à lui seul sans partage.

A peine avait-elle atteint sa quinzième année, qu'elle obtint de faire, pour un an, le vœu de virginité, et elle le renouvela chaque année, avec l'autorisation de son confesseur, jusqu'à son entrée en religion.

Durant les dernières années que notre chère Mère passa au pensionnat, des rhumes opiniâtres et de fréquents maux d'estomac la forcèrent d'interrompre plusieurs fois ses études et donnèrent de grandes inquiétudes pour l'avenir.

Vers l'âge de dix-huit ans, notre chère Mère rentra définitivement dans sa famille, où elle ne devait passer qu'un an. Elle fut alors, pour ses frères et pour ses sœurs, comme une seconde mère, et Mme Viguier, comptant sur sa vertu et sa vigilance, partageait avec elle, pour ainsi dire, sa maternelle autorité, et ne laissait s'absenter ses autres filles que sous la garde de sa chère Joséphine. Notre chère Mère était chérie des pauvres, qu'elle chérissait avec une véritable tendresse : elle était, en un mot, la consolation et la joie de tous ceux qui l'entouraient, et sa pieuse mère, assurée de son jugement, de sa sagesse et de son savoir-faire, s'en reposait sur elle pour la plupart des soins du ménage.

Notre chère Mère n'avait consenti à passer un an entier dans le monde que pour consoler sa mère du départ de sa seconde fille qui venait de s'établir; mais cette année écoulée, elle demanda à nos Mères de l'admettre au noviciat. Les craintes qu'avaient fait concevoir pour sa santé les accidents dont nous avons parlé, firent hésiter longtemps avant que de l'admettre. Dieu, qui la voulait dans notre maison pour l'édifier par l'exemple de ses vertus, inspira enfin à la Révérende Mère de Solages de la recevoir au noviciat, dont la Révérende Mère de Latour, tante de notre chère Mère, était alors maîtresse.

A peine y était-elle entrée, qu'on se félicita de l'avoir reçue; et la Révérende Mère de Solages, si sobre d'éloges, disait, en parlant de la jeune postulante : « Nous avons fait une précieuse acquisition. »

Dès lors, en effet, Mlle Viguier, montra, mieux encore qu'au pensionnat, les dons inestimables dont Dieu s'était plu à enrichir cette âme d'élite : piété sincère et constante, quoique sans goût et consolation, jugement sain, extraordinaire énergie, régularité parfaite, tels sont les principaux caractères de la vertu de notre chère Mère. Postulante, Novice, Professe et Mère, elle fut toujours égale à elle-même. Chez elle point d'inégalité, d'inconstance, de caprices, point d'écarts d'imagination. La raison et la foi dominaient tellement chez elle qu'elles ne laissaient point de prise à ces fausses idées, à ces extravagances de la *folle du logis*, dont les suggestions sont, pour d'autres, la matière de rudes combats et, quelquefois, de nombreuses défaites. Sa vie fut un tissu de jours pleins, calmes et unis ; son étude, de correspondre aux grâces de Dieu et de faire sa volonté. Dans un de ses rares moments d'expansion, elle avoua que faire l'adorable volonté de son Époux divin était, depuis l'âge de quinze ans, le but de tous ses efforts. « Je n'ai jamais rien fait d'extraordinaire, disait-elle à la fin de sa vie, mais j'ai tâché d'être toujours unie à mes supérieurs, de cœur et de volonté, d'observer nos saintes Règles aussi parfaitement qu'il m'était possible, et d'accomplir ce que le bon Dieu demandait de moi ! » On peut dire que notre chère Mère, à l'exemple de saint Louis de Gonzague, son patron, de saint Stanislas, pour lequel elle avait une dévotion particulière, et de plusieurs autres saints, s'était toujours appliquée à mener la vie commune d'une manière non commune, comme le disait le bienheureux Berckmans...

Notre chère Mère allait droit à Dieu, sans raffinements de dévotion et sans scrupules, constamment fidèle à la grâce, profitant de toutes les occasions de se mortifier et de se renoncer. Quelques minutes lui suffisaient pour sa confession hebdomadaire ; il ne lui fallait guère plus de temps pour ses revues annuelles, et quelques instants étaient consacrés à ses rares directions. Il ne fallait qu'un mot de ses supérieurs pour la faire sortir de ses doutes, et, lorsqu'elle avait connu une fois la volonté de ceux que Dieu avait chargés de sa conduite, elle la suivait constamment et sans tergiverser. Dieu ne parle-t-il pas d'ailleurs à l'âme fidèle plus éloquemment que ne pourraient le faire les créatures les plus saintes et les plus éclairées!

La vie de notre chère Mère fut vraiment une vie toute cachée en Dieu. Elle parlait très-peu, presque jamais d'elle-même, et ne laissait rien transpirer au dehors des sentiments si saints et si profondément religieux dont son héroïque patience et sa sublime résignation nous ont donné des preuves dans les dernières années et surtout dans les derniers jours de son existence.

En consultant nos souvenirs, nous nous rappelons quelques traits de vertu que son humilité ne put entièrement dérober à notre connaissance. Un, entre autres, nous a frappées. On l'avait retirée d'un emploi qu'elle remplissait à la satisfaction du plus grand nombre, et elle n'ignorait pas que c'était à cause de certaines plaintes formulées contre elle. Quelque temps après on lui redonna le même emploi, et, malgré les répugnances qu'elle devait naturellement avoir à accepter de nouveau cette charge où elle avait éprouvé beaucoup de contradictions, il fut impossible d'apercevoir sur sa physionomie le plus petit signe de mécontentement.

Les motifs les plus purs et les plus parfaits l'animaient dans toutes ses actions : travailler pour la plus grande gloire de Dieu, pour la conversion des pécheurs, le soulagement des âmes du Purgatoire, était son unique ambition. Dégagée d'elle-même et des choses de la terre, elle ne songeait qu'à son Dieu et aux biens éternels, seuls dignes des aspirations d'un cœur chrétien, et surtout d'une épouse de Jésus-Christ !...

La communion faisait ses délices : le Sacré Cœur de Jésus, Marie Immaculée, saint Joseph et son Ange gardien étaient les objets particuliers de sa dévotion. Elle honorait aussi, surtout en les imitant, comme nous l'avons déjà dit, saint Louis de Gonzague, son patron, saint Stanislas Kostka et saint Jean l'Évangéliste.

La prudence, la discrétion et le jugement si droit de notre chère Mère, la mettaient à même de rendre d'importants services à la communauté. Les principaux emplois qu'elle remplit furent ceux de maîtresse d'ouvrage, de dépensière, de portière, et et enfin de préfète des classes gratuites. Dans cet office, qu'elle occupa la dernière année de sa vie, elle avait su, en peu de temps, se concilier l'affection des parents et des élèves, et, lorsqu'on la conduisait à sa dernière demeure, les larmes de quelques-unes de ces pauvres petites filles qu'elle aimait tant, prouvaient aussi à quel point elle en était chérie. Les Sœurs, placées sous ses ordres dans les divers offices qui lui furent confiés, ne peuvent se lasser de vanter son esprit de conciliation et sa charité. Elle savait accomplir parfaitement son devoir sans être pour les autres un sujet de tracasseries et de peine.

Pendant le peu de temps qu'elle exerça l'office de seconde portière, elle s'attira, par sa bienveillance et ses égards, la sympathie de tous ceux qui la virent. Elle s'y montra pleine de discrétion, mais sans minutie. Elle savait se taire et parler à propos, et nul n'eut jamais à lui reprocher un manque d'égards ou une parole irréfléchie.

Quoiqu'elle gardât habituellement le silence et qu'elle se montrât excessivement sobre de paroles, on ne la vit jamais, par respect humain ou par faiblesse, laisser croire, par un silence hors de propos, qu'elle approuvait ce qui n'était pas réellement approuvable.

Une charge lui était-elle donnée, c'était un vrai soulagement pour ses supérieurs qui pouvaient, ce qui est si rare, s'en remettre à son jugement, à sa discrétion et à son savoir-faire. Elle s'apercevait de tout et pourvoyait à tout, sans empressement et sans inquiétude. Combien elle se rendit utile à notre Maison par son adresse remarquable et son amour du travail ! On peut dire, en vérité, qu'elle ne resta jamais oisive, et que tous ses instants furent toujours entièrement et sérieusement occupés.

Il est temps de parler maintenant des rares exemples de vertu qu'elle nous donna lorsqu'elle fut atteinte de l'affection au larynx qui, après l'avoir fait souffrir cruellement pendant trois longues années, la ravit à l'affection de notre communauté, à laquelle elle pouvait rendre, dans les principaux emplois, d'éminents services. Notre chère Mère ne parlait de ses souffrances que lorsqu'elle était interrogée par ses supérieurs. Convaincue, près d'un an avant sa mort, par l'affaiblissement de ses forces et par son état continuel de souffrance, qu'elle ne se relèverait point de cette maladie, elle garda pour elle seule cette persuasion intime, afin de ne point nous affliger. Plus ses derniers jours approchaient, plus elle se montrait calme et résignée. Notre bien-aimée Mère, si peu expansive et démonstrative naturellement, se montrait avec nous plus affectueuse qu'elle ne l'avait été. Lorsque durant les derniers jours de sa vie nous allions la voir à l'infirmerie, elle soulevait péniblement la tête à l'entrée de chacune d'entre nous, et, par une inclination accompagnée d'un gracieux sourire, elle nous saluait et nous témoignait le plaisir qu'elle avait de nous voir.

L'infirmière a assuré qu'elle ne lui entendit jamais faire une plainte ou exprimer un désir. Lorsqu'un extrême dégoût lui faisait repousser toute espèce de nourriture, la Sœur tourière, chargée des provisions, lui proposait un jour de lui porter une chose qu'elle espérait lui voir prendre avec plaisir. « Ma Sœur, lui répondit-elle, après l'avoir remerciée, je n'accepterai que ce que me proposera notre bonne Mère. » Elle disait, une autre fois : « Je suis ici pour penser à mon âme et non pour chercher le soulagement de mon corps. » — « Laissez-moi souffrir, disait-elle à la plus âgée de ses sœurs, qui voulait lui procurer quelque soulagement dans un moment d'extrême souffrance, vous serez cause que je ne ferai pas mon purgatoire ici-bas, comme je l'ai demandé au bon Dieu. » « Il est plus parfait, disait-elle dans une autre circonstance, de s'occuper de Dieu et de laisser faire ses supérieurs. »

Un autre jour que sa sœur lui disait avec effusion : « Ah ! que je voudrais qu'il me fût donné d'endurer une partie de vos souffrances sans, néanmoins, vous en enlever le mérite ! » elle répondit : « Ne vous inquiétez point, je suis contente de souffrir !... » Il fallait user de toutes sortes d'industries pour lui faire accepter les soins que suggérait une ingénieuse charité. « Vous savez bien, lui disait une de ses Sœurs, que lorsqu'on secourt les membres souffrants de Jésus-Christ, ce bon Maître le regarde comme fait à lui-même ; laissez-nous donc le soulager en vous soulageant !... « Oh ! alors je le veux bien, répondit-elle... » Pour avoir le bonheur de communier, elle descendit au chœur alors qu'une extrême faiblesse la réduisait à pouvoir à peine marcher. Elle se privait de boire, tandis que son larynx était en feu, pour avoir le bonheur de recevoir quelques fois de plus le Bien-Aimé de son âme !!!

Nous ne pûmes la voir, sans une grande émotion, descendre encore au chœur le premier vendredi de novembre, pour rendre ses hommages au Sacré Cœur, qu'elle aimait d'une manière particulière, et pour y recevoir son Dieu. Comme on lui disait que dans son état de faiblesse et de souffrance, elle ferait mieux de rester couchée : « Il n'en sera ni plus ni moins, répondit-elle, je veux profiter de la grâce qui m'est offerte. » Elle s'était encore levée le dimanche suivant, mais on l'obligea de se recoucher. Le lendemain, elle reçut le saint Viatique qui lui fut encore apporté le jeudi, 9 novembre. Elle avait demandé qu'on l'avertît lorsque le temps serait venu de lui administrer les derniers sacrements. Lorsqu'on lui dit qu'elle pouvait se préparer à l'Extrême-Onction et qu'on lui donnerait encore le saint Viatique, elle s'écria avec l'expression de la plus grande joie : « J'y gagnerai une communion de plus !!! »

Toujours calme et résignée, comme elle l'avait été du reste tout le temps de sa longue maladie, elle ne désirait ni la vie, ni la mort, et redisait à chaque instant ces paroles qui étaient la traduction fidèle de tous les sentiments de son cœur : « Mon Dieu, comme vous voudrez ! » Son crucifix était constamment entre ses mains... Elle causait familièrement avec son Dieu, et, dans ses cruelles insomnies, elle lui disait doucement : « Mon Dieu, laissez-moi dormir ! Mais, ajoutait-elle, il ne veut pas exaucer ma prière. »

Ses derniers jours étaient arrivés : avec une parfaite présence d'esprit, elle avait fait à ses sœurs, ses dernières recommandations, lorsque le 14, une faiblesse qui dura de longues heures fit pressentir sa fin prochaine. A cinq heures du soir, elle fit demander à toutes ses Sœurs de venir prier auprès de son lit; ce que l'on fit avec empressement ; et, malgré ses souffrances, on la vit s'unir à toutes les prières qu'on récitait près d'elle.

Le lendemain, 15, jour de sa mort, elle reçut une dernière absolution à cinq heures du soir et M. l'Aumônier lui promit de revenir à huit heures. Notre bien-aimée mourante redisait, d'une voix presque éteinte, les aspirations ou les actes d'amour qu'on lui suggérait, et, comme on s'était interrompu un instant : « Faites des aspirations, dit-elle, » et une autre fois : « Priez plus haut. »

Vers huit heures, on lui fit les prières de la recommandation de l'âme, puis l'on récita les litanies des Saints. Quand on commença cette dernière prière, à laquelle elle s'unissait visiblement, elle joignit ses mains avec piété. Lorsque ces prières furent terminées, on lui demanda si M. l'Aumônier pouvait se retirer : « Ce sera bientôt fini, répondit-elle, » et un instant après, comme on lui proposait d'humecter ses lèvres desséchées, elle répondit : « Il n'en vaut pas la peine ! » On l'entendit ensuite baiser amoureusement son crucifix. Quelques minutes après, dans ce suprême embrassement, cette fidèle épouse de Jésus lui rendait sa belle âme !...

Notre bien-aimée Mère, qui avait pris l'habit le 27 décembre 1860, et fait profession le 10 février 1863, avait seize ans de religion et était dans la trente-sixième année de son âge.

———

Sœur Honorine PONS

> Comme le cerf altéré soupire après l'eau de la fontaine, ainsi mon âme soupire après vous, ô mon Dieu !
> (Ps. xli).

Notre chère Sœur Honorine Pons, née à Estève, commune de Fayssac (Tarn), le 30 janvier 1848, était sœur de notre bien-aimée Sœur Virginie Pons, dont on a lu la notice. Nous ne redirons point ce que nous avons déjà écrit de son honorable et sainte famille, auprès de laquelle elle passa dans la piété les dix-huit premières années de sa vie, nous nous bornerons à retracer rapidement, selon notre usage, les principaux traits de sa pieuse existence et de sa sainte mort.

Entrée, vers l'âge de dix-huit ou dix-neuf ans, dans notre maison, en qualité de pensionnaire, pour y terminer ses études incomplètes, elle se montra constamment appliquée à l'étude et à l'accomplissement de tous ses devoirs d'élève et de congréganiste, et subit avec succès l'examen pour l'obtention du brevet de capacité.

Dès son entrée au pensionnat, comme dans tout le reste de sa trop courte vie, on put remarquer en elle une extrême délicatesse de conscience qui lui fit toujours éviter, avec le plus grand soin, tout ce qui pouvait déplaire à son Dieu.

Notre chère Sœur, entrée au noviciat en 1869, fut admise à la prise d'habit le 1er juin de la même année, et à la profession le 29 juin 1871.

Durant les huit années de sa vie religieuse, elle donna des preuves constantes d'une piété sincère, d'un grand amour pour le devoir et d'un profond esprit religieux. Son caractère distinctif fut la simplicité et cet esprit d'enfance sans lequel, selon les oracles du divin Maître, nul n'entrera jamais dans le royaume des cieux.

Extrêmement timide et très-peu communicative par nature, notre chère Sœur Pons cachait, sous des dehors froids en apparence, une profonde sensibilité de cœur et une grande délicatesse de sentiments. Contente de plaire à Dieu seul, elle ne chercha jamais à attirer les regards et l'approbation stérile et vaine des créatures, et s'appliqua à offrir à Dieu, dans un humble silence et un saint mystère, des sacrifices d'agréable odeur.

Un seul exemple suffira pour prouver toute la générosité de cette âme envers le Maître si libéral pour ses fidèles épouses.

Notre chère Sœur avait une affection très-sincère

et très-vive pour une des Sœurs de la communauté, mais elle avait compris qu'il fallait qu'elle offrît à son Dieu le généreux sacrifice de cette inclination trop naturelle, et elle sut si bien veiller sur son cœur et ses actes extérieurs que jamais un mot, un signe, un regard, ne trahit ses sentiments et ne vint les faire connaître à celle qui en était l'objet et à ses autres Sœurs. Sa bonne Mère, pour laquelle elle n'eut rien de caché, savait seule et son inclination et les sacrifices qu'elle lui donnait l'occasion d'offrir à Celui à qui elle avait voué, comme nous le disons au jour bienheureux de notre première consécration, toutes ses affections et tout son cœur.

Un autre caractère de la vie de notre chère Sœur, c'est sa parfaite soumission et sa religieuse déférence à l'égard de ses supérieurs, qu'elle ne contrista jamais et auxquels elle témoigna, jusqu'à ses derniers moments, la plus sincère et la plus filiale affection.

Notre bien-aimée Sœur se rendit extrêmement utile auprès des plus petites filles dont elle fut presque constamment chargée. Douée d'un admirable tact pour les diriger et les instruire, elle se mettait à la portée de leurs jeunes intelligences. Elle savait travailler à la correction de leurs défauts naissants sans les punir, parce que, disait-elle avec une grande justesse, on n'a plus aucun moyen d'action sur une enfant habituée, dès son plus jeune âge, à de fortes réprimandes ou à de trop sévères punitions.

Aussi, combien était-elle chérie de ses petites élèves aussi bien que de leurs parents, pleins de reconnaissance pour les soins et l'affection, aussi éclairée que maternelle, dont leurs enfants étaient chaque jour l'objet de la part de notre chère Sœur.

Ce fut au milieu de ses occupations bien-aimées que vint la surprendre la longue maladie qui nous l'enleva.

Au commencement de l'année scolaire 1876-1877, une toux opiniâtre et une extrême fatigue, qui éprouvèrent notre chère Sœur Honorine Pons, nous forcèrent à lui retirer tout emploi.

Plus que jamais nous eûmes des preuves de la vertu de notre bien-aimée Sœur et de son esprit vraiment religieux. Elle supportait ses souffrances avec une entière résignation, se montrait pleine de reconnaissance pour les soins de ses supérieurs et des infirmières, et parlait avec une sérénité et un calme parfaits de sa mort prochaine.

Dans les visites que lui faisaient les membres de sa nombreuse et édifiante famille, elle ne cessait de vanter la bonté, les attentions dont l'entourait la communauté. Elle refusa constamment de recevoir ce que ses proches lui offraient pour adoucir ses souffrances, disant que ses supérieurs pourvoyaient abondamment à tous ses besoins, et que ce serait l'affliger profondément que de vouloir lui faire accepter quelque don particulier; mais, que ce qu'on voulait bien offrir, serait pour la communauté et non pour elle-même.

Comme nous l'avons constaté pour plusieurs autres de nos Mères et Sœurs, notre chère Sœur Pons, qui avait souvent été éprouvée par des peines intérieures, ne sentit plus, vers la fin de sa vie, qu'une joie parfaite et la plus profonde paix. « Rien ne me tourmente, disait-elle, je ne songe pas même au purgatoire, je ne pense qu'au ciel ! »

Afin d'avoir le bonheur de recevoir plus souvent son Dieu, elle descendit péniblement au chœur jusqu'à ce que l'excès de ses souffrances et son extrême faiblesse la contraignirent, quelques jours seulement avant sa mort, à ne plus quitter l'infirmerie.

Elle reçut avec ferveur le saint Viatique et l'Extrême-Onction. On lisait sur son visage, la paix qui inondait son âme, et elle laissait éclater son bonheur par de douces et saintes paroles et un ineffable sourire lorsqu'on lui disait : « Courage, ma Sœur, ce sera bientôt fini ! »

Quelques heures après que M. l'Aumônier, assisté de la communauté, eut récité les prières de la recommandation de l'âme, que notre bien-aimée Sœur suivit avec le parfait usage de ses facultés qu'elle ne perdit pas un instant, elle expira doucement, le 12 juillet 1877, à sept heures du soir, dans la trentième année de son âge et la huitième depuis son entrée en religion.

O vous toutes, Mères et Sœurs bien-aimées, si chères à notre souvenir, priez pour votre famille religieuse, que vous aimiez tant, et demandez à Dieu, que, comme vous, nous vivions pour Lui seul, et, qu'après avoir travaillé pour sa gloire, nous mourions dans son amour !

TABLE DES MATIÈRES

	Pages.
Préface	5
Introduction	7
Notice sur la R. M. de Solages	15
— Sœur Marie Bugarel, compagne	103
— Sœur Olympe Rouanet	104
— Sœur Caroline Rouanet	106
— Sœur Joséphine Rouanet	108
— Mère Émilie Boyer	109
— Sœur Jeanne Pironnet	114
— Sœur Cécile Mary, compagne	116
— Sœur Justine Chanton	118
— Sœur Jeanne Andral	120
— Sœur Marguerite Marliac	122
— Sœur Rose Darnaud, compagne	124
— Sœur Fanny Cahusac, novice	125
— Sœur Clémence Jauzion	132
— Sœur Anna Lafond	136
— Mère Marie Barthès	140
— Sœur Hélène Burdallet	143
— Mère Pauline Barthès	151
— Sœur Thérèse Babeau, compagne	155
— Mère Joséphine Serpantié	157
— Sœur Marie Tournadre	162
— Sœur Caroline Guy	173

		Pages.
Notice sur la Mère Françoise Loubière.		175
— Sœur Pulchérie Besse		177
— Mère Adèle Beaupuis.		181
— Sœur Marie Delmas, novice.		184
— Mère Victoire Bayonne.		188
— Sœur Albine Délécouls, compagne.		192
— Sœur Virginie Pons.		196
— Sœur Justine Rolland, compagne.		200
— Sœur Rosalie Aurel.		204
— Sœur Jeanne Lebrun.		210
— Sœur Marie Déjean.		212
— Sœur Marie-Antoinette Pillé		224
— Mère Joséphine Viguier.		227
— Sœur Honorine Pons.		240

Toulouse, imprimerie Paul Privat, rue Tripière. 9 — 159

TOULOUSE — IMPRIMERIE PAUL PRIVAT, RUE TRIPIÈRE, 9

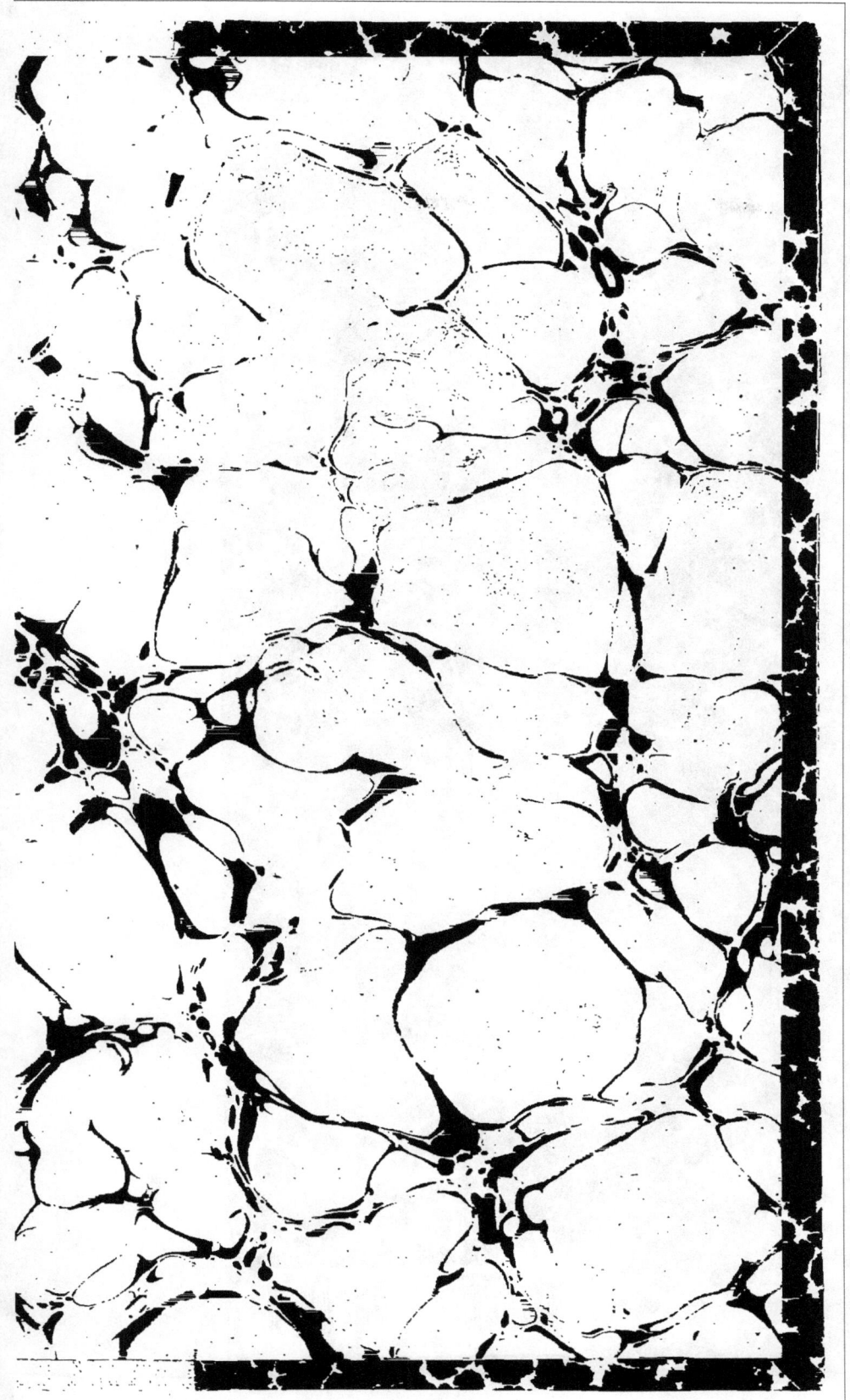

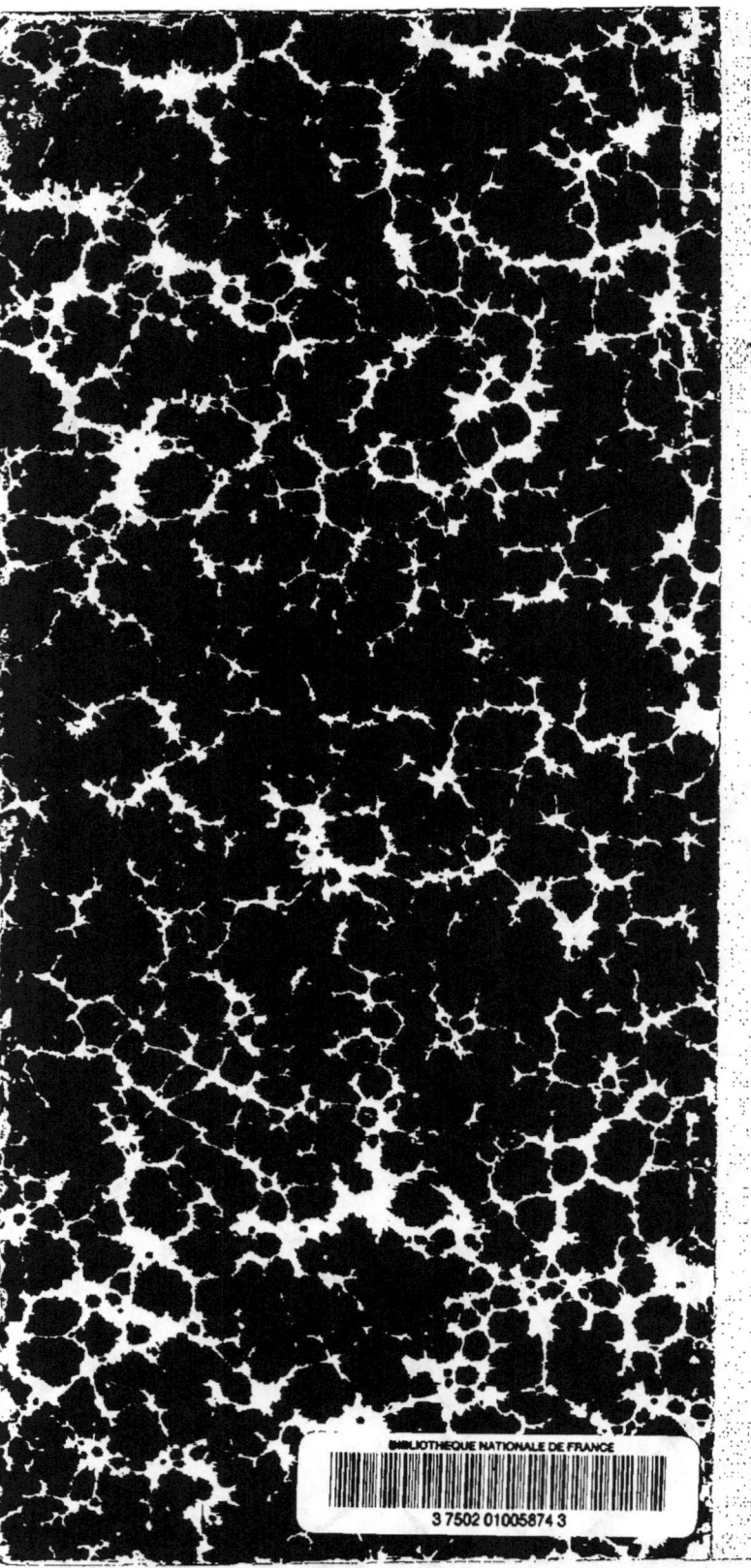

www.ingramcontent.com/pod-product-compliance
Lightning Source LLC
Chambersburg PA
CBHW070622170426
43200CB00010B/1884